학습영어와 **현지영어(Real English)**의 차이 **완전 정복!**

동인랑

Preface
머리말

보통의 책들에서 소개된 대화문과는 다른 현지에서 저자가 직접 경험한 것을 토대로 한 솔직 담백한 대화문들을 담았다. 이 책을 통해서, 현지에 도착했을 때 한 번도 들어 보지 못한 표현에 당황해 하는 독자들이 없었으면 한다.

그리고 국제결혼을 하고 살면서 느끼는 부분을 재미있게 책의 중간중간에 담아 한국인들이 몰라 간과하고 외국인들을 당황하게 했던 부분들을 짚었다.

외국인 공동 저자인 버니(Bernie)는 한국에 거주하면서 한국사회와 한국사람에게 느끼는 문화적인 차이와 진짜 영어와의 차이를 다양한 에피소드로 풀었다.

독자들은 이 책을 통해서 영어권 사람들이 편하게 쓰는 진짜 영어뿐만 아니라, 우리가 몰랐던 영어권 사람들과 우리의 문화적인 차이까지 습득하여 외국인 입장에서의 우리를 생각해 보는 시간도 가져다 줄 것이다.

① 저자가 직접 현지에서 경험하고, 찍은 사진과 real 컷을 토대로 에피소드를 구성하여, 기존 책들보다 리얼리티가 살아있다.

② 각 에피소드가 끝날 때마다, 저자가 외국인과 살면서 느낀 점들이나 우리가 몰랐던 문화와 정보들을 새록새록 담았다.

③ 책 중간중간에 한국에 거주하는 외국인 저자가 느끼는 문화적 차이와 영어표현도 대화문으로 만들었다.

④ 한국인이 어려워하는 단어의 발음이나 끊어 읽기 연습도 할 수 있도록 구성하였으며, 각 챕터마다 저자들의 생생 리얼강의를 수록하여 중요한 언어적 포인트와 문화적 부분까지 학습할 수 있도록 하였다.

⑤ 발음기호는 대부분의 책들이 IPA(국제음성기호)를 따르는 것이 원칙이나, 발음에 기초를 둔 SP(Spelled Pronunciation)을 채택하여, 초보자들에게 발음 및 강세까지 쉽게 접근하도록 하였다.

Andrew
Bernadette | 지음

이 책의 **구성**과 **활용**

★ 발음

초보자들도 좀 더 편하게 발음할 수 있고, 강세 또한 쉽게 따라할 수 있도록 하기 위해서 이 책에서는 스펠링을 기준으로 한 발음기호[SP]를 채택하였다.

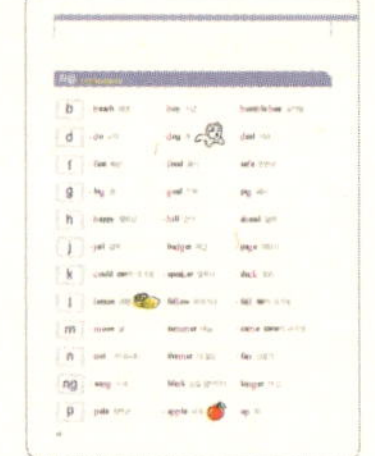

★ 본문 대화문

저자가 직접 현지에서 경험하고, 찍은 사진을 토대로 본문 대화문을 구성하여, 기존 책들보다 에피소드의 리얼리티가 살아 있다.

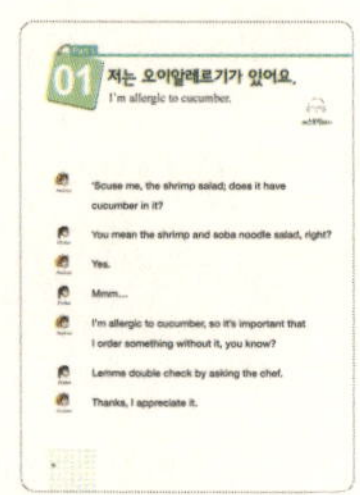

★ 단어 및 해석

대화문에 나온 단어 중, 중요한 단어만 골라 따로 의미를 파악할 수 있도록 하였다.

우리말 뜻은 가능한 문장에 맞춰 해석하였으나, 우리말에서 사용하지 않는 표현은 약간의 의역을 섞어 영어의 리얼한 표현은 그대로 살렸다.

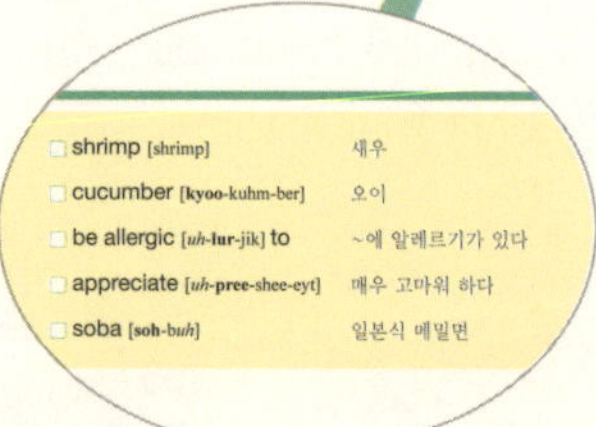

shrimp [shrimp]	새우
cucumber [kyoo-kuhm-ber]	오이
be allergic [uh-lur-jik] to	~에 알레르기가 있다
appreciate [uh-pree-shee-eyt]	매우 고마워 하다
soba [soh-buh]	일본식 메밀면

★*Pronunciation* 및 생생 리얼강의

본문의 대화를, 원어민은 어디에서 쉬고 어디에서 붙여 읽는지 표시해 두었다. 원어민의 발음을 주의 깊게 들으면서 발음연습을 해 보자.
또한, 앤드류와 버니의 생생 리얼강의가 수록되어 있으므로, 학원에 가지 않고도 이 책의 포인트를 학습할 수 있는 1석 2조의 효과를 얻을 수 있다.

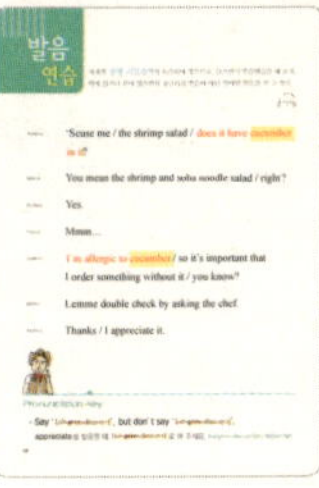

[P·A·T·T·E·R·N E·X·E·R·C·I·S·E]
패턴연습

본문 대화 중, 중요한 문장을 2문장씩 골라 패턴 연습을 통해 회화연습을 따라할 수 있도록 하였다.
원어민의 발음을 듣고 따라하며, 문장을 통째로 외워보자.

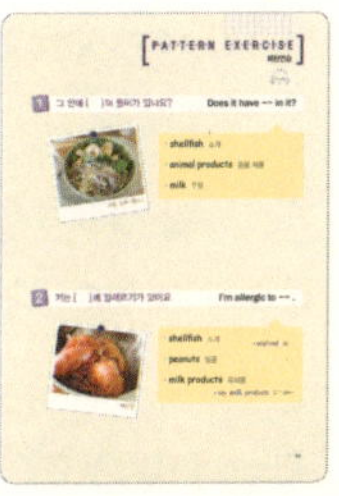

Key ★Points

본문 대화에 나온 것 중, 회화에 꼭 필요한 문법 설명이니 영어 표현을 간단히 설명하였다.
문법이라 어렵게 생각하지 말고 잘 알아두도록 한다.

원어민 vs 한국인
CULTURAL KEY

문화는 진짜 영어(Real English)를 하기 위해선 꼭 알아야 할 요소이다. 재미있게 읽어 두면, 풍부하고 살아있는 영어 표현을 쓸 수 있다.

Contents
차례

발음기호에 관한 것

발음기호 phonetic alphabet

영어강의를 하다 보면, 많은 학생들이 단어 학습시,
발음기호를 잘 모르는 학생들이 많다. 그 중 몇 명은 알아도 단어를 읽는데 많이
생소해 하고 자신감 없이 단어의 강세도 어려워한다.

이 문제를 해결하기 위해선, 영어사전을 보는 방법 및 IPA (국제음성기호)에서 제시하는
발음 기호의 학습부터 시작해야 하는 것이 필요하지만,

영어 초보자들도 조금 더 편하게 발음할 수 있고 강세 또한 쉽게 따라할 수 있도록
하기 위해서 이 책에서는 스펠링을 기준으로 한 발음기호를 채택하였다

예를 들어, **Information** 정보 라는 단어를 보면,

IPA 로는 [ìnfərméiʃən]

SP 로는 [in-fer-**mey**-sh*uh*n]

b	• beach 해변	• boy 소년	• bumble bee 호박벌
d	• do 하다	• dog 개	• deal 거래
f	• fast 빠른	• food 음식	• safe 안전한
g	• big 큰	• goal 목표	• pig 돼지
h	• happy 행복한	• hill 언덕	• ahead 앞에
j	• jail 감옥	• budget 예산	• page 페이지
k	• could can의 과거형	• speaker 발표자	• duck 오리
l	• lemon 레몬	• follow 따라가다	• fell fall의 과거형
m	• moon 달	• summer 여름	• came come의 과거형
n	• not ~이 아니다	• thinner 더 얇은	• fan 선풍기
ng	• song 노래	• blink 눈을 깜박이다	• longer 더 긴
p	• pale 창백한	• apple 사과	• up 위

원어민 발음을 들으면서 큰 소리로 따라해 보자.

r	· **r**est 쉬다	· fu**rr**y 털 많은	· sta**r** 별	· bo**r**e 지루하게 만들다
s	· **S**at sit 앉다의 과거형	· **c**ity 도시	· fu**ss** 호들갑	· la**c**e 레이스
sh	· **sh**ell 껍질	· sta**ti**on 역	· ca**sh** 현금	
t	· **t**ail 꼬리	· le**tt**er 편지	· pu**t** 놓다	
ch	· **ch**urch 교회	· ca**tch**ing 잡다 catch+-ing	· fu**t**ure 미래	· wa**tch** 보다
th	· **th**irsty 목마른	· no**th**ing 아무것도 ~없다	· ma**th** 수학	
th	· **th**is 이것은	· mo**th**er 어머니	· brea**th**e 호흡하다	
v	· **v**ain 헛된	· hea**v**en 천국	· li**v**e 살다	
w	· **w**eather 날씨	· al**w**ays 언제나		
hw	· **wh**en 언제	· some**wh**ere 어딘가에		
y	· **y**ell 소리치다	· on**i**on 양파		
z	· **z**ero 0 숫자	· ea**s**y 쉬운	· fu**zz** 솜털	
zh	· mea**s**ure 측정하다	· vi**s**ion 시력	· bei**ge** 베이지색	

a · apple 사과 · fan 선풍기 · bat 박쥐

ey · maid 하녀 · fate 운명 · spray 스프레이

ah · arm 팔 · father 아버지 · aha 아하

air · air 공기 · care 보살핌 · swear 맹세하다

aw · all 모두 · walk 걷다 · cost 비용 · draw 그리다

e · never 결코~않다 · spread 펼치다 · net 그물

ee · seal 밀봉하다 · bee 벌 · feed 먹이다

eer · ear 귀 · hero 영웅 · deer 사슴

er · feather 깃털 · after ~후에 · murderer 살인자

i · fit 적합한 · pig 돼지 · finishes 끝내다 finish+ -es

ahy · I 나는 · mice 쥐들(복수형) · slide 미끄러지다
· deny 부인하다

원어민 발음을 들으면서 큰 소리로 따라해 보자.

o	· ostrich 타조	· spot 지점	· waffle 와플
oh	· snow 눈	· road 길	· fellow 친구
oo	· ooze 스며들다	· woo 지지를 호소하다	
	· soup 수프	· cue 신호	

oo	· could can의 과거형	· look 보다	· put 놓다
oi	· foil (알루미늄)포일	· voice 목소리	· boy 소년
ou	· shout 소리치다	· proud 자랑스러워하는	
	· how 어떻게		

uh	· under ~아래에	· brother 형	· mud 진흙
uh	· umbrella 우산	· primal 원시의	· circus 써커스
ur	· heard hear의 과거형	· bird 새	· stir 젓다

PART 1
본문

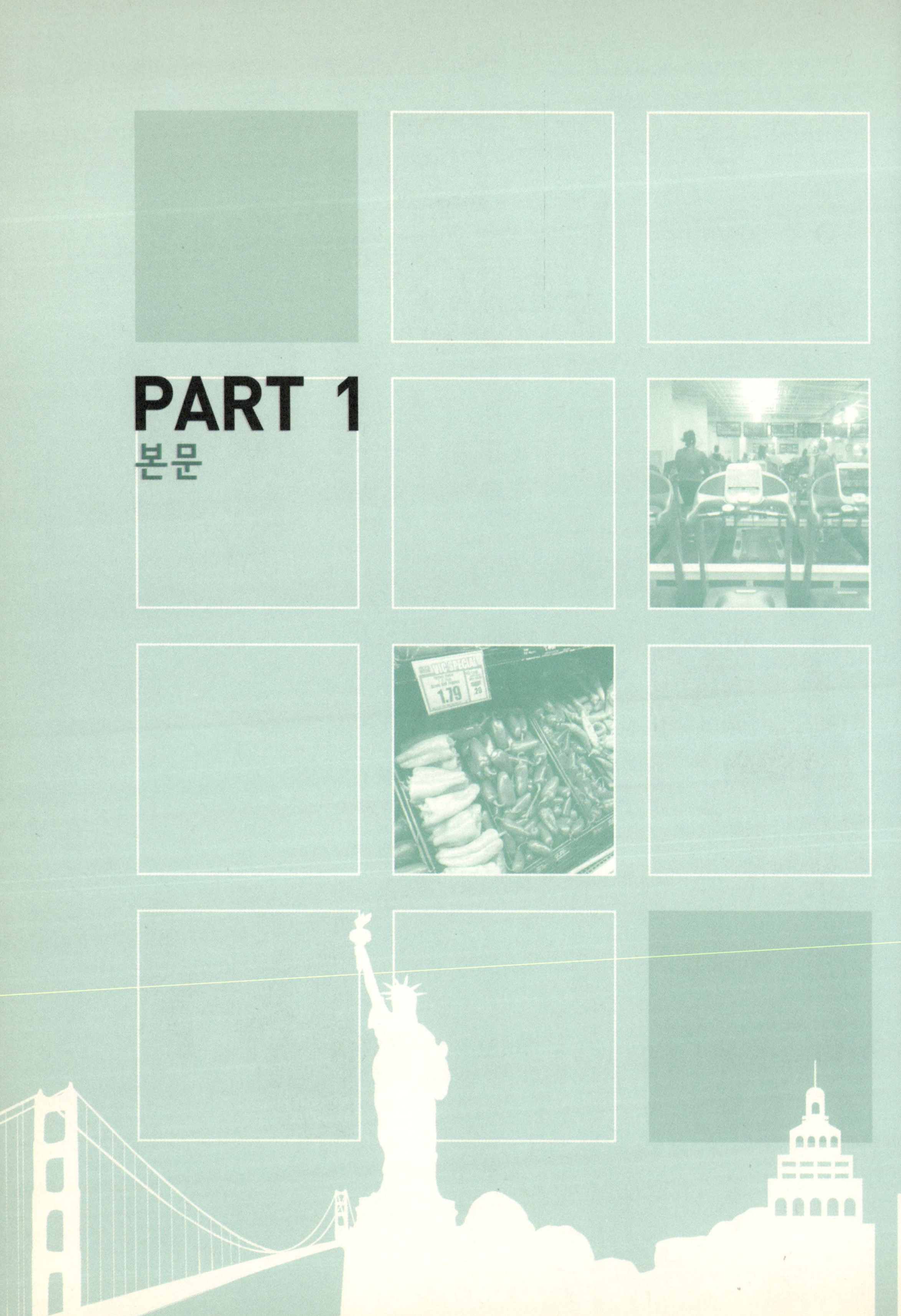

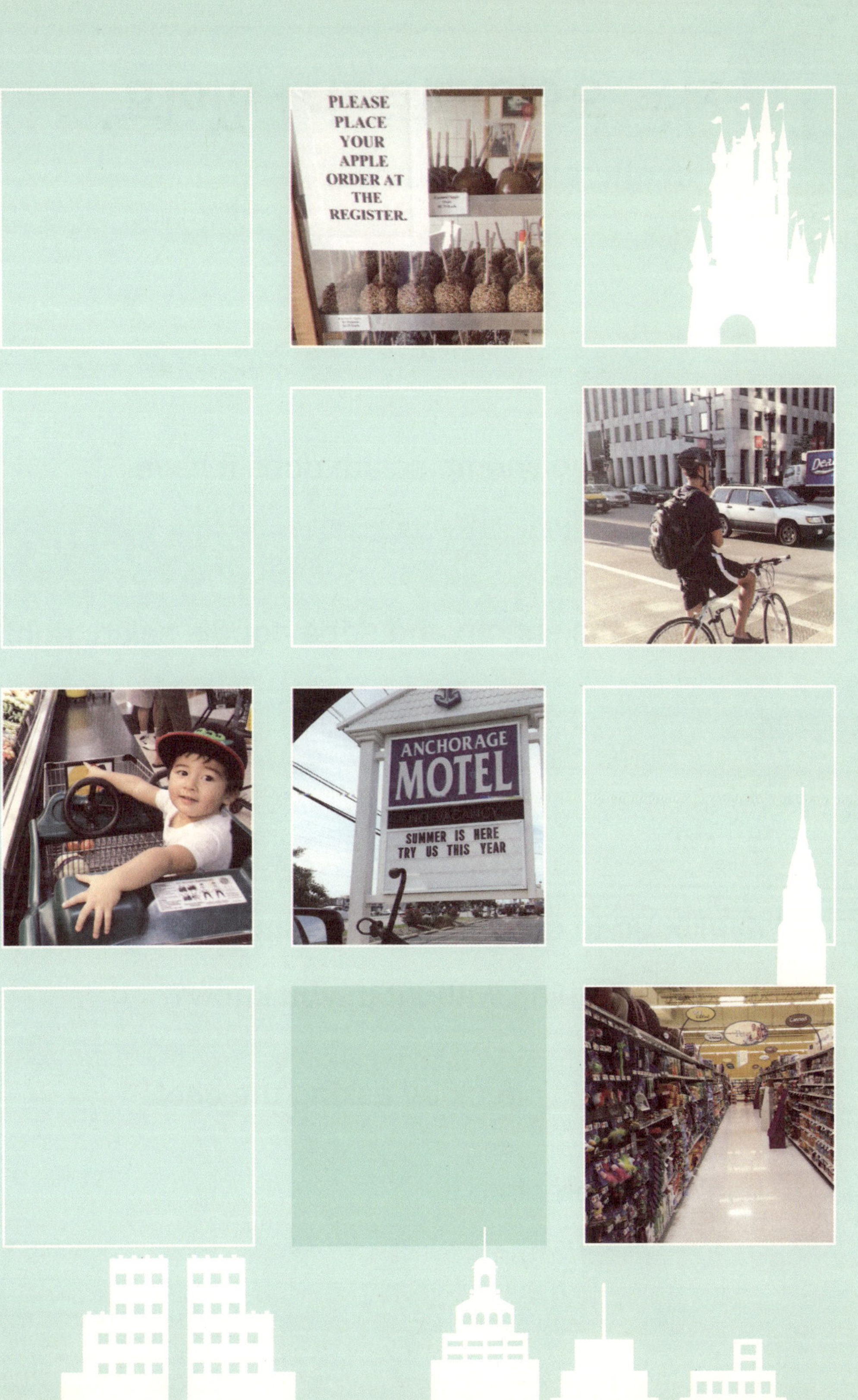

PLEASE
PLACE
YOUR
APPLE
ORDER AT
THE
REGISTER.
ANCHORAGE
MOTEL
NO VACANCY
SUMMER IS HERE
TRY US THIS YEAR

01 저는 오이알레르기가 있어요.

I'm allergic to cucumber.

레스토랑에서

Andrew

'Scuse me, the shrimp salad; does it have cucumber in it?

Waitress

You mean the shrimp and soba noodle salad, right?

Andrew

Yes.

Waitress

Mmm…

Andrew

I'm allergic to cucumber, so it's important that I order something without it, you know?

Waitress

Lemme double check by asking the chef.

Andrew

Thanks, I appreciate it.

- shrimp [shrimp]　　　　　　　　새우
- cucumber [**kyoo**-kuhm-ber]　　　오이
- be allergic [*uh*-**lur**-jik] to　　~에 알레르기가 있다
- appreciate [*uh*-**pree**-shee-eyt]　매우 고마워 하다
- soba [**soh**-*buh*]　　　　　　　일본식 메밀면

앤드류　여기요, 새우샐러드 있잖아요. 안에 오이 들어가 있나요?

종업원　새우 소바 샐러드 말씀하시는 거죠?

앤드류　네.

종업원　음...

앤드류　**저는 오이 알레르기가 있거든요. 그래서 오이를 빼고 주문하는 것이 중요하거든요. 아시겠죠?**

종업원　제가 주방장에게 물어봐서 한번 더 확인할게요.

앤드류　고마워요. 물어봐 줘서 정말 고마워요.

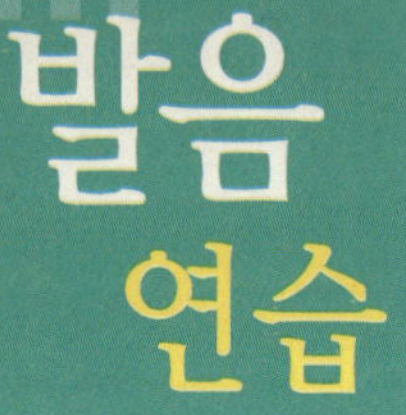

저자의 생생 리얼강의가 녹음되어 있으므로, 들으면서 발음연습을 해 보자.
띄어 읽거나 붙여 읽으면서 콩글리쉬 발음이 아닌 원어민 발음을 할 수 있다.

Track
4

Andrew	'Scuse me / the shrimp salad / does it have cucumber in it?
Waitress	You mean the shrimp and soba noodle salad / right?
Andrew	Yes.
Waitress	Mmm…
Andrew	I'm allergic to cucumber / so it's important that I order something without it / you know?
Waitress	Lemme double check by asking the chef.
Andrew	Thanks / I appreciate it.

Pronunciation Key

★ Say '[*uh*-**pree**-shee-eyt]', but don't say '[*oh*-**pree**-shee-eyt]'.

appreciate를 발음할 때, [*uh*-**pree**-shee-eyt] 로 하자. [*oh-pree*-shee-eyt] 라고 발음하지 말자.

1 그 안에 [   ]이 들어가 있나요?　　　**Does it have ~~ in it?**

새우 소바 샐러드

- **shellfish** 조개

- **animal products** 동물 제품

- **milk** 우유

2 저는 [   ]에 알레르기가 있어요.　　　**I'm allergic to ~~ .**

해산물

- **shellfish** 조개
  - ▶seafood 해산물

- **peanuts** 땅콩

- **milk products** 유제품
  - ▶soy milk products 두유제품들

Contractions 축약

축약은 자연스러운 대화에서 나온다. 보통 do not 대신에 **don't** 라고 줄여서 말한다.
비즈니스 메일 같은 격식을 차려야 하는 글 속에서는 사용하진 않지만, 원어민들의 자연스러운
일상대화에서는 아주 빈번히 사용된다.

'Scuse me	- Excuse me	실례합니다
Lemme	- Let me	제가 ~할게요

- I don't like cucumber.
  난 오이를 좋아하지 않아.
- I do not like cucumber.
  난 오이를 좋아하지 **않아**.

Other commonly found examples 다른 예들

- **wouldn't** - would not
- **shouldn't** - should not
- **aren't** - are not
- **doesn't** - does not
- **let's** - let us
- **I'm** - I am
- **we're** - we are

- **they're** - they are
- **I've** - I have
- **I'll** - I will
- **isn't** - is not
- **ain't** - am not / is not
- **what's** - What is 예 what's your name?

”

여러분은 한번쯤 외국인과 대화 중 이런 표현을 들은 적이 있을 것이다.

can or can't ?

이.럴.땐!   can 은 [큰] 이라고 발음하고,

can't 는 [캔트] 라고 발음하자!

02 뭔가 특별한 것을 찾고 계시나요?

Looking for something specific?

생일카드

Shopkeeper

Looking for something specific?

Andrew

Yes. I'm looking for a special card, because
it's my father-in-law's 60th birthday.

Shopkeeper

Wow, congratulations. That's awesome.

Andrew

Thanks, he's pretty stoked.
We're havin' a huge family party in the backyard.

Shopkeeper

So…ignore these. (Points to 'romantic birthday section')
Have a look at the milestone section.
There should be plenty of 60th cards here.

Andrew

Oh yes, makes sense.
Sweet. Thanks man.

- congratulations [ku*h*n-grach-*uh*-**ley**-sh*uh*ns] 축하합니다
- awesome [**aw**-*suh*m] 멋진, 경탄할만한
- stoked [stohkt] 신이 난 = excited
- milestone [**mahyl**-stohn] 이정표 인생에 있어 중요한 일
- havin [ha-vin] having의 줄임말

점원　　　뭔가 특별한 것을 찾고 계시나요?

앤드류　　네, 저는 특별한 카드를 찾고 있는데 왜냐하면, 장인어른 환갑이시거든요.

점원　　　와, 축하 드립니다. 좋은 일이네요.

앤드류　　감사합니다. 꽤 기대하고 계세요.
　　　　　우리는 성대한 파티를 뒷마당에서 할 거에요.

점원　　　그래서.. 이것들은 무시하시구요.(로맨틱 생일 섹션을 가르키며)
　　　　　이정표 생일 섹션을 보세요, 여기 많은 환갑 생신카드가 있네요.

앤드류　　아 네, 이해가 되네요. 고마워요.

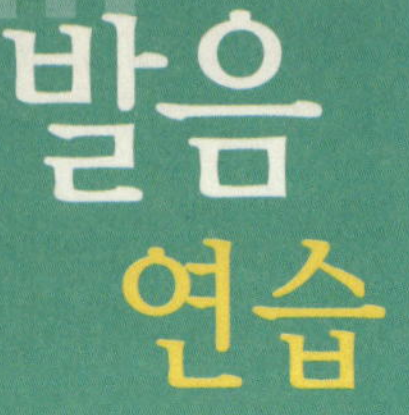

발음
연습

저자의 생생 리얼강의가 녹음되어 있으므로, 들으면서 발음연습을 해 보자.
띄어 읽거나 붙여 읽으면서 콩글리쉬 발음이 아닌 원어민 발음을 할 수 있다.

Shopkeeper	Looking for something specific?
Andrew	Yes / I'm looking for a special card because / it's my father-in-law's 60th birthday.
Shopkeeper	Wow / congratulations. That's awesome.
Andrew	Thanks / he's pretty stoked. We're havin' a huge family party in the backyard.
Shopkeeper	So… / ignore these. (Points to 'romantic birthday section') Have a look at the milestone section. / There should be plenty of 60th cards here.
Andrew	Oh yes / makes sense. Sweet. / Thanks man.

Pronunciation Key

★ **Notice the long 'o' in 'milestone'.**

o 를 길게 발음해라.

Track 8

1 [　]을 찾고 계시나요?　　　　Looking for something ~~ ?

- **in particular** 특히, 특별히

- **special** 특별한

- **to spoil your husband with**
  당신 남편을 행복하게 만들

* spoil　~을 망치다 혹은 **응석받이로 만들다** 라는 뜻.
여기선 〈남편을 아주 가끔씩 응석받이 처럼 원하
는 것을 다해준다〉는 뜻으로 **특별한 일로 행복하
게 하다** 라는 뜻이다.

2 우리는 [　]을 할 거예요.　　　　We're havin' a ~~ .

파티

- **party** 파티　　　　▶**tea party** 다과회

- **baby shower** 아이 낳기 전 축하 파티

- **meeting** 미팅

  ▶**town meeting** 주민 회의

* **동사 + -ing** looking 과 having 처럼 **동사 + -ing**
형태는 [구어체]에서는 **g**를 빼고 발음
하는 경향이 있다.

 "Key Points

1 "I'm **stoked** 혹은 I'm **pretty stoked**"

stoked는 형용사로, 기쁜, 신이 난이라는 뜻으로,
매우 흥분되거나 기분 좋을 때 사용하는 원어민 표현이다.

> I'm **stoked**. (나는) 기대된다. 신난다

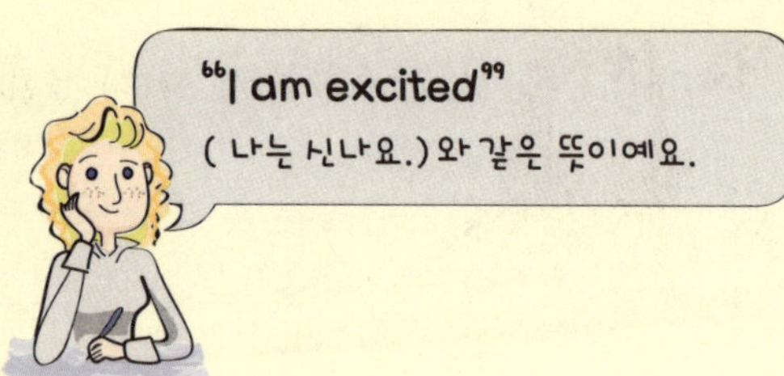

- stoke a fire 불에 땔감을 때다
  의역하면, 흥미의 불이 붙는다는 뉘앙스
  의 표현으로, 이 때의 stoke는 불을 때다,
  연료를 더 넣다라는 뜻의 동사이다.

2  **milestone** 이정표 인생에 있어 중요한 일

여기에서는 **환갑**을 나타냈지만, 사람들마다 milestone은 다르다.
고등학교를 졸업했거나 집을 사거나, 아이가 생겼거나, 할아버지가 되
는 일 등 인생에 있어서 **한 축을 이루는** 일들이 모두 milestone이다.

장인 / 장모 / 처제 / 처형 / 제부 / 형수…등 우리나라의 호칭은 상당히 헷갈리는 편이다.

그.러.나 영어의 호칭은 상당히 객관적이다.

이 복잡한 관계가 영어에선 **삼촌, 큰아버지**도 uncle, **이모, 고모, 외숙모**도 aunt

결혼이라는 법적 절차를 통해 생긴 관계는

장인 father-**in-law** 법으로 인한 아버지

장모 mother-**in-law** 법으로 인한 어머니

처남 brother-**in-law** 법으로 인한 남동생

처제 sister-**in-law** 법으로 인한 여동생 등으로 간편하게 부른다.

03 저는 DVD 한 장을 대여하려고 하는 중입니다.

I'm trying to rent a DVD.

길거리 DVD
대여기계

Andrew

Excuse me, do you know how these work?
(Points to a DVD rental box)

passerby

Yes, do you need some help?

Andrew

Yes, please. I've never used one before.

I'm trying to rent the Hunger Games sequel,

'*Catching Fire*', but I can't find it.

passerby

I don't think it's been released yet, actually.

You should check for new releases every Tuesday.

Andrew

Oh, I see.

And do you know how long I can rent a DVD for?

passerby

Basically, it's $1 for a 1 day rental.

If you return it late, they'll deduct a penalty

from the card you used to rent it.

- ☐ rent [rent]　　　　　　대여하다
- ☐ sequel [**see**-kw*uhl*]　　책·영화·연극 등의 속편, 시리즈
- ☐ actually [**ak**-choo-*uh*-lee]　실제로
- ☐ basically [**bey**-sik-lee]　기본적으로
- ☐ deduct [dih-**duhkt**]　공제하다
- ☐ penalty [**pen**-l-tee]　벌금

앤드류　여기요, 이것들 어떻게 작동하는지 아시나요? (DVD렌탈박스를 가리키며)

행인　예, 도와드릴까요?

앤드류　네, 부탁입니다. 전에 한 번도 사용한 적이 없어서요.
지금 헝거 게임 시리즈 캣칭 파이어를 빌리려고 하고 있었는데,
찾을 수가 없네요.

행인　실제론, 아직 출시가 안 된 것 같아요.
매주 화요일에 새로운 출시작들을 확인해 보셔야 될 것 같아요.

앤드류　오, 알겠습니다.
그리고 DVD 를 얼마 동안 빌릴 수 있는지 아시나요?

행인　기본적으로, 대여는 하루에 1달러입니다.
만약 반납이 늦어지면, 당신이 대여할 때
사용한 카드에서 벌금이 공제될 거에요.

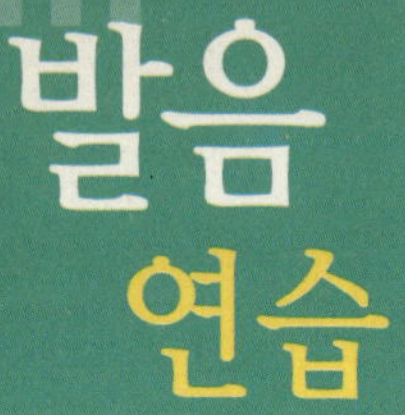

저자의 생생 리얼강의가 녹음되어 있으므로, 들으면서 발음연습을 해 보자.
띄어 읽거나 붙여 읽으면서 콩글리쉬 발음이 아닌 원어민 발음을 할 수 있다.

Track 10

Andrew Excuse me / do you know how these work?
(Points to a DVD rental box)

Passerby Yes / do you need some help?

Andrew Yes please. / I've never used one before /
I'm trying to rent the Hunger Games sequel /
Catching Fire / but I can't find it.

Passerby I don't think it's been released yet / actually. /
You should check for new releases every Tuesday.

Andrew Oh / I see. /
And do you know how long I can rent a DVD for?

Passerby Basically / it's $1 / for a 1 day rental. /
If you return it late / they'll deduct a penalty
from the card you used to rent it.

Pronunciation Key

★ Careful not to say 'carefur', or 'penarty'.

[careful과 penalty를 발음할 때] carefur 와 penarty 로 발음하지 않도록 주의하자.

Push your tongue out to say 'l'.

즉, l 을 발음하기 위해 혀를 내밀자.

1 어떻게 [   ]지 아시나요?   **Do you know how ~~ ?**

DVD 대여 기기

- **to get to the station** 그 역에 가는
  - ▶ to get to the train station 그 기차역에 가는

- **to drive** 운전하는
  - ▶ to drive an automatic car
    자동 변속차(오토차)를 운전하는

- **to cook** 요리하는

2 저는 [   ]하려고 하는 중 이에요.   **I'm trying to ~~.**

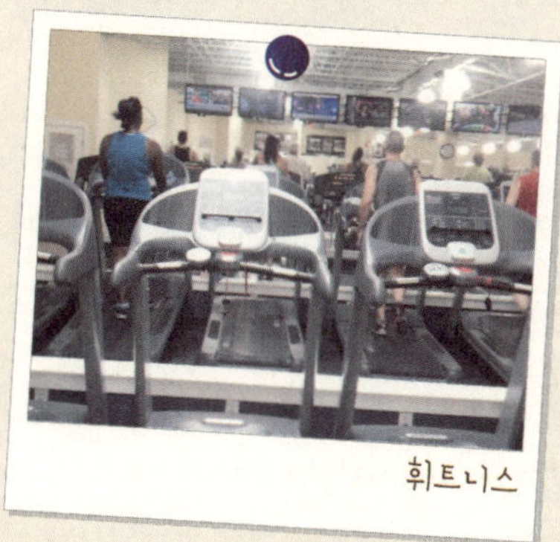

휘트니스

- **get some work done** 일을 끝내다

- **lose weight** 살을 빼다

- **understand** 이해하다

discourse markers

말하는 중간 중간에 써 주면, 듣는 사람들이 듣기 편하게 해주는 말들이다.

 **Basically** 가장 중요하거나 토대가 되는 것을 **소개할 때**

> **Basically,** it's $1 for a 1 day rental.
> 기본적으로 빌리는데 하루에 1달러야.

예 Basically, my job requires computer skills and English skills.
내 직업은 기본적으로 컴퓨터 능력과 영어능력을 필요로 한다.

 **Actually** 추가적으로 놀라운 사실이나 기대치 않은 것을 **소개할 때**

예 A : What a good film! I enjoyed Snow Piercer. Didn't you?
좋은 영화야! 난 설국열차 재밌게 봤어. 그치?

B : Actually, I didn't like it very much. 사실은, 나는 그 영화 너무 싫었어.

 **Obviously** 이해하기 쉽고 명확한 내용을 **소개할 때**

예 Obviously, Lee Byung Hyun is one of the most famous actors in Korea.
분명하게, 이병헌은 한국에서 유명한 배우 중 하나이다.

discourse markers 의 여러가지 표현

- I mean ~   내 말은~   더 명확하고 자세한 부가 설명을 주기 위해
- In other words ~ 한편으로   다른 방법으로 설명을 하기 위해
- Besides ~   게다가   추가적인 정보나 논쟁들을 덧붙일 때
- At least ~   최소한, 적어도   부정적인 정보 다음에 긍정적인 정보를 소개할 때

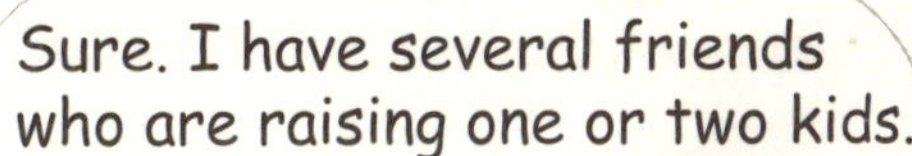

나도 모르게 **친구라고 말할 때**, 한국처럼 **같은 나이로** 정의해 버리기 쉽다.
미국에서는 당신보다 10살, 20살 심지어 **30살이** 많아도 친구가 될 수 있다는 사실.
정말 그. 렇. 다!

04 그건 완전 편리해!

It's super convenient!

드라이빙 ATM

Andrew

Dude, where are we?

Bernie

We're at the drive thru bank.

Andrew

I've never heard of these except for McDonald's.

We don't have them in Korea.

Bernie

Really?

It's super convenient. Besides, queuing sucks.

Andrew

What's that plastic pipe for?

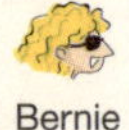
Bernie

It's where the money gets sucked in.

- convenient [*kuhn*-**veen**-*yuhnt*]   편리한
- besides [bih-**sahydz**]   게다가
- queuing [kyoo-ing]   무엇을 기다리는 사람·자동차 등의 줄
- sucked [suhkt]   빨아들이다

앤드류	친구야, 여기 어디야?
버니	드라이브–쓰루 은행인데.
앤드류	맥도날드 빼고는 한 번도 들어 본 적이 없는데. 한국에는 이런 은행이 없어.
버니	정말? 그건 완전 편리해. 게다가 줄 서는 것 짜증나잖아.
앤드류	저 파이프는 뭐야?
버니	저기가 돈이 빨려 들어가는 곳이야.

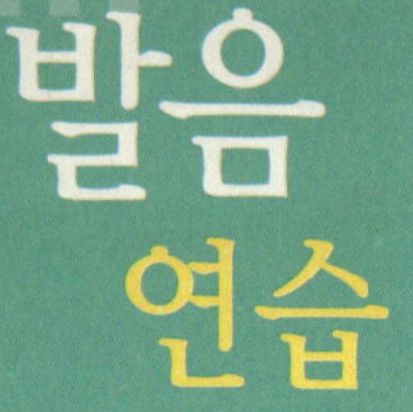

저자의 생생 리얼강의가 녹음되어 있으므로, 들으면서 발음연습을 해 보자.
띄어 읽거나 붙여 읽으면서 콩글리쉬 발음이 아닌 원어민 발음을 할 수 있다.

Andrew   Dude / where are we?

Bernie   We're at the drive thru bank.

Andrew   I've never heard of these / except for McDonald's.
We don't have them in Korea.

Bernie   Really?
It's super convenient. Besides / queuing sucks.

Andrew   What's that plastic pipe for?

Bernie   It's where the money gets sucked in.

Pronunciation Key

★ **When you say a word that ends with an s, try to pronounce the s weakly.**

s로 끝나는 단어를 발음할 때, 마지막 s를 약하게 발음한다.

1   그건 완전 [　]해.   It's super ~~.

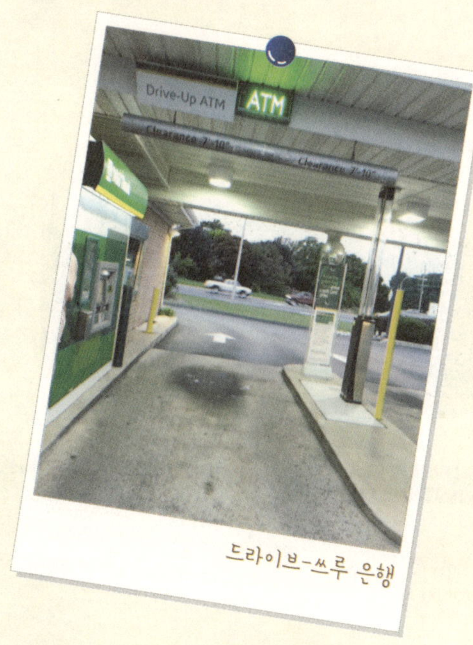

드라이브-쓰루 은행

- **annoying**   짜증나게 만드는

- **frustrating**   불만스러운 / 좌절감을 주는

- **fun**   재미있는

2   [　]은 최악이야.   ~~ sucks.

- **Waiting**   기다리는 것은
  - ▶ Waiting for feedback   피드백을 기다리는 것

- **Rejection**   거절/거부
  - ▶ Rejection from a guy   남자로부터 거절당하는 것

- **The weather**   그 날씨는

* 명사/동명사 + sucks

sucks 앞에는 명사나 명사를 대체하는 동명사 등이
올 수 있다.

in 과 같이 쓰이는 **이어동사**

단어 suck(ed)는 기본적으로 빨아 먹다, 빨다라는 뜻이지만, in과 같이 쓰여 의미가 약간
달라지는데 sucked in은 흡수되다라는 의미가 된다.

It's where the money gets **sucked in**.

저기가 돈이 빨려 들어가는 곳이야.

Other commonly found examples 다른 예들

동사 VERB ✛ 전치사 PREPOSITION

• **eat in**	집에서 먹다	- eat at home
• **sleep in**	늦게 자다	- to sleep late
• **barge in**	들어와서 방해하다	- to enter and interrupt
• **reel in**	설득하다	- to persuade
• **blend in**	섞어서 추가하다	- to add by mixing
• **box in**	자유를 제한하다	- to limit freedom
• **breathe in**	숨을 들이마시다	- to inhale
• **pencil in**	연필을 사용하여 쓰다	- to fill out using a pencil
• **scrub in**	수술 전 손을 씻다 의학용어	- medical term for washing hands before surgery

”

Suck은 빨아 먹다, 빨다 라는 뜻이다.

You suck!은 상대를 **얄.잡.아.** 보는 말로 넌 최악(꽝)이야!, 얼간이 라는 뜻이 된다.

> A : How is the cellphone you bought? 너가 산 핸드폰 어때?
>
> B : It **sucks**. 완전 꽝이야..

이 단어가 한국이름으로 쓰일 때,
원어민들에게는 이렇게 들리는 황당한 경우가 있다.

He was winning 그는 이기고 있었다.

until the crowd began cheering his name …
관중들이 그의 이름을 부르며 응원하기 전까진…

Kim You **Suck***!* Kim You **Suck***!*
김씨, 당신은 꽝이야*!* 김씨, 당신은 꽝이야*!*

축구 국가대표 선수 오범석[Oh Bum **Suck**]

오*!* 엉덩이 빨다*?! (*.*)*

Bum 은
bottom [엉덩이]의 속어였으니…
우리에게 **멋진 이름**이 그들에게 **완전 웃긴 이름**이 될 수도 있다는 사실…

05 파프리카 어디 있어?

Where's the paprika?

야채코너

Andrew

Honey, where's the paprika? We need some.

His wife

Here's some bell pepper.

Andrew

Bell pepper? Is bell pepper a different kind of veggie? Black pepper is 후추 in Korean.

His wife

I think paprika is used in the U.K. Just remember that bell pepper means the same as paprika.

Andrew

Ah, I get it. There are so many vegetables that look different from those in Korea.

His wife

Yep. Look at the eggplant, zucchini and persimmon.

☐ peppers [**pep**-er]	①피망 ②후추	**black pepper** 후추
☐ paprika [pa-**pree**-*kuh*]	파프리카	
☐ I see / I get it	알았다! 알겠어요! = **I understand**	
☐ eggplant [**eg**-plant]	가지	
☐ persimmon [per-**sim**-*uh*n]	감	
☐ zucchini [zoo-**kee**-nee]	애호박 **pumpkin** 늙은 호박 (호박죽의 재료)	

앤드류　　자기야. 파프리카 어딨어? 좀 필요해.

그의 아내　　벨페퍼 여기 있네.

앤드류　　벨페퍼? 벨페퍼는 다른 야채 아니야?
　　　　　블랙 페퍼는 한국어로 후추잖아.

그의 아내　　내 생각에는 파프리카는 영국에서 쓰는 것 같아.
　　　　　그냥 파프리카랑 벨페퍼랑 같다고 기억해.

앤드류　　알았어. 정말 모양이 한국의 야채들과 다른 야채들이 많이 있네.

그의 아내　　어. 가지, 애호박 그리고 감도 봐 봐!

저자의 생생 리얼강의가 녹음되어 있으므로, 들으면서 발음연습을 해 보자.
띄어 읽거나 붙여 읽으면서 콩글리쉬 발음이 아닌 원어민 발음을 할 수 있다.

Andrew	Honey / where's the paprika? / We need some.
His wife	Here's some bell pepper.
Andrew	Bell pepper? Is bell pepper a different kind of veggie? Black pepper is 후추 / in Korean.
His wife	I think paprika is used in the U.K. / Just remember that bell pepper / means the same as paprika.
Andrew	Ah / I get it. / There are so many vegetables / that look different from those in Korea.
His wife	Yep. / Look at the eggplant / zucchini / and persimmon.

Pronunciation Key

★ We don't say 'I got it' when we mean 'I understand', we say 'I get it' or 'I see'. We say 'got it' when you've been given instructions.

I understand를 의미할 때는 I got it. 을 사용하지 않는다. I get it. 나 I see. 를 사용한다. 즉 got it. 은 명령이나 지시가 주어졌을 때 사용한다.

[P·A·T·T·E·R·N E·X·E·R·C·I·S·E]
패턴연습

1  [　]이 어디에 있니?　　　　　**Where's the ~~?**

- **nearest bathroom** 가장 가까운 화장실
  - ▶ **nearest men's bathroom**
    가장 가까운 남자 화장실

- **latest hotspots**
  최근의 유행이나 트렌드 집결지
  - ▶ **latest shopping hotspots**
    최근 쇼핑의 트렌드 집결지

2  [　]이 너무나 많이 있다.　　　**There are so many ~~.**

ice cream flavors

- **things to do** 해야 할 일들

- **choices in life** 인생의 선택들

- **restaurants** 식당들

  ice cream flavors 아이스크림 맛들

애칭

어느 나라 언어든지 자신의 연인에게 사랑이 듬뿍 담긴 애칭으로 부르는 표현이 존재한다. 우리나라에서도 자기 연인의 이름에서 모티브를 따서 짓기도 하는데, 여기 영어에서 자주 사용하는 애칭을 모았다.

Other commonly found examples 다른 예들

- ***babe**
- ***darling**
- piglet
- chicken
- bee's knees
- pet
- munchkin
- little dove
- apple of my eye
- baby cakes
- cupcake
- ***cutie pie**
- lumlums
- ***sweetheart**
- kiddo
- champ
- sugar plum
- jelly bean
- winky dink
- petal

*굵게 표시된 것들이 자주 사용되는 것들이다.

Vegetarian 얼마나 알.고. 있.나.요.?

우리나라에도 이효리 같은 연예인을 시작으로 채식주의자가 생겨나기 시작하는데,
채식주의자에 대해 자세히 알아보자.

❶ Vegan   모든 동물의 고기는 (생선을 포함하여) 전혀 먹지 않는 사람들

❷ Vegetarian

- lacto-ovo vegetarian — 달걀과 낙농품은 먹는 채식주의자
- lacto-vegetarian — 달걀은 먹지 않지만, 낙농품은 먹는 채식주의자
- ovo-vegetrian — 달걀은 먹지만, 낙농품은 먹지 않는 채식주의자
- pesco-vegetarian — 달걀과 낙농품 + 해산물까지 먹는 채식주의자

다양한 사람 · 음식 · 문화가 있는 만큼, 그들에 대한 배려가 필요하다!

"그냥 먹어"가 아닌 주문 전 물어보는 배려...

당신은 동방예의지국 출신 한.국.인!

06 계란은 어떻게 요리해 드릴까요?

How would you like your eggs done?

Track 18

레스토랑에서

Waitress

Good morning. Welcome to IHOP.

My name is Jenny and I'm in charge of your table

today. Are you ready to order?

Pravin

Yes, I'd like to order a decaf black coffee and the

breakfast and waffle combo.

Waitress

Sure. What kind of waffles would you like?

Pravin

Whole-wheat with blueberries, please.

Waitress

And how would you like your eggs done, sir?

Pravin

Sunny-side up, please.

Also, can I get some water with ice, please?

Waitress

No problem. Coming right up.

☐ order [**awr**-der]	주문
☐ whole-wheat [**hohl-hweet**]	통밀의
☐ blueberry [**bloo**-ber-ee]	블루베리
☐ combo [**kom**-boh]	세트메뉴
☐ sunny-side up [**suhn**-ee-sahyd]	흰자를 위에 덮어 윗쪽만 살짝 익힌 것
☐ breakfast [**brek**-fuhst]	아침 식사

여종업원　안녕하세요. IHOP에 오신 걸 환영합니다.

파빈　　　제 이름은 제니이구요, 오늘 이 테이블 담당입니다.
　　　　　주문하시겠어요?

여종업원　예, 카페인 없는 커피 한 잔이랑 아침식사와 와플 세트 하나 주세요.

파빈　　　네. 어떤 와플을 원하세요?
　　　　　통밀로 된 블루베리 와플로 주세요.

여종업원　그리고 계란은 어떻게 요리해 드릴까요?

파빈　　　한쪽만 살짝 익혀 주세요.
　　　　　그리고 얼음 물 한 잔 주실 수 있을까요?

여종업원　알겠습니다. 곧 드릴게요.

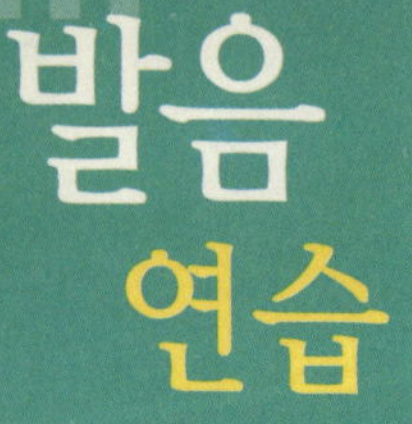

저자의 생생 리얼강의가 녹음되어 있으므로, 들으면서 발음연습을 해 보자.
띄어 읽거나 붙여 읽으면서 콩글리쉬 발음이 아닌 원어민 발음을 할 수 있다.

Waitress	Good morning. / Welcome to IHOP. My name is Jenny / and I'm in charge of your table today. / Are you ready to order?
Pravin	Yes / I'd like to order a decaf black coffee / and the breakfast and waffle combo.
Waitress	Sure. / What kind of waffles would you like?
Pravin	Whole-wheat with blueberries / please.
Waitress	And how would you like your eggs done / sir?
Pravin	Sunny-side up / please. Also / can I get some water with ice please?
Waitress	No problem. / Coming right up.

Pronunciation Key

★ Try to make your mouth flat, not round when you say the 'e' in eggs.
Say [egz], not [agz].

e를 발음할 때 입을 동그랗게 하지 말고, 입을 평평하게 만들려고 해 보자.

eggs의 발음   [egz] ○   ,   [agz] ✕

P·A·T·T·E·R·N E·X·E·R·C·I·S·E
패턴연습

Track 20

1 [ ]을(를) 어떻게 해드릴까요? How would you like your ~~ done?

- **nails** 손톱들
- **steak** 스테이크
- **hair** 머리

egg-style 계란 요리		
* poached egg(s)	수란
* eggs over easy	노른자위를 깨지 않고 앞뒤로 뒤집어 익힌 달걀 프라이
* eggs over hard	계란을 깨어 노른자위까지 익힌 후라이한 계란
* scrambled eggs	스크램블
* sunny-side up	흰자를 위에 덮어 윗쪽만 살짝 익힌 것
* boiled egg(s)	싫은 달걀

2 [ ](해)주실 수 있을까요? Can I get some ~~, please?

과카몰리
멕시코음식에 잘 쓰인다

- **milk with my coffee** 우유를 넣은 커피
- **guacamole on the side** 과카몰리를 곁들여
- **extra bread** 여분의 빵

▶ warm milk on the side with my coffee
제 커피와 따뜻한 우유를 곁들여서

▶ extra white bread and butter 여분으로 흰 빵과 버터

 I**'d like to order** a decaf black coffee and the breakfast and waffle combo.

> I **would like to order** ~.   ~을 주문 하고 싶습니다.

Other commonly found examples 다른 예들

원어민들하는 것을 한 번 관찰해 본 적이 있다. 남녀 노소를 불구하고 다양한 표현으로 주문을 한다.

아메리카노 한 잔을 주문하는 그들의 다양한 표현을 알아보자.

아메리카노커피 한 잔 주세요.

- Let me have one Americano.   공손한 표현

- Can I have an Americano?   공손한 표현

- I need one Americano
  I want one Americano   + please.

미국의 식당에 가면 **너무나 친.절.하고** 말 많은 웨이터나 웨이트리스에게 당황할 때가 있다.

한국 식당에서는 대부분 웨이터가 주문 외에는 물어 보지 않는다.

미국에서는 **How are you?, How are you today?** 로 시작해 주문을 받고, 음식이 나온 후에도 계속 우리 테이블을 방문하여 음식 만족도나 더 필요한 것에 대해 물어본다. 고급 음식점 빼고는 **"여기요"** 를 사방 외치는 우리에게는 조금 어색한 순간일 수도 있다. **왜 그럴까?**

그들의 시간당 수당은 상당히 적다. 그렇기 때문에 고객의 팁으로 월급의 2/3이상 을 채운다.

그래서 고객에게 **자기를 어필**해야 한다고 해야 하나? 그런 느낌을 많이 받는다.

갑자기 외국인 웨이터가 **"Hi, how are you?"** 라고 인사하면, 당황해 하지 말고 **친구처럼 인사하자!**
"Good, how are you?" 라고!

07 그것은 시차로 인한 증상을 도와줘.

It helps with symptoms of jet lag.

의료체계

Andrew

Why exactly are we getting this 'melatonin' stuff?

His wife

It helps with symptoms of jet lag.

Andrew

Awesome. We definitely need something for that.

Wait, you need a prescription though, don't you?

His wife

Nope.

We can get it over the counter.

Andrew

Really? How come?

His wife

Well, America's medical system is so expensive

that some drugs can be bought straight from the

pharmacy.

☐ melatonin [mel-uh-**toh**-nin]	멜라토닌 시차적응할때먹는약
☐ symptoms [**simp**-tuhmz]	증상들
☐ jet lag [jet lag]	시차증 비행기를 이용한 장거리 여행시 시차로 인한 피로감
☐ prescription [pri-**skrip**-shuhn]	처방전
☐ expensive [ik-**spen**-siv]	비싼
☐ pharmacy [**fahr**-muh-see]	약국
☐ How come [hou kuhm]	왜?
☐ over-the-counter [**oh**-ver **thuh** koun-ter]	처방전 없이 살 수 있는 OTC'drugs이라고 부른다

앤드류　　우리가 '멜라토닌'을 사는 정확한 이유가 뭐야?

그의 아내　**그것은 시차로 인한 증상을 도와줘.**

앤드류　　죽이는데, 당연히 우린 그게 필요해.
　　　　　잠깐, 처방전 필요하지, 그치?

그의 아내　아니.
　　　　　우리는 처방전 없이 구할 수 있어.

앤드류　　진짜? 왜?

그의 아내　글쎄, 미국의 의료 체계가 너무나 비싸서 어떤 약들은 약국에서
　　　　　직접 살 수 있어.

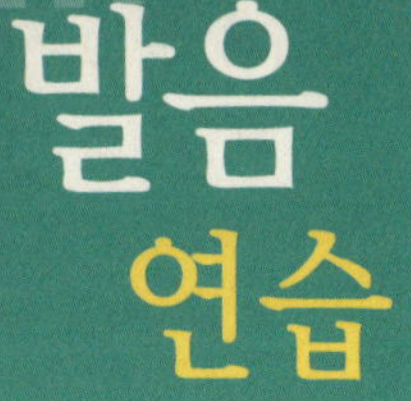

저자의 생생 리얼강의가 녹음되어 있으므로, 들으면서 발음연습을 해 보자.
띄어 읽거나 붙여 읽으면서 콩글리쉬 발음이 아닌 원어민 발음을 할 수 있다.

Andrew   Why exactly / are we getting this 'melatonin' stuff?

His wife   It helps with symptoms of jet lag.

Andrew   Awesome. / We definitely need something for that. /
Wait / you need a prescription though / don't you?

His wife   Nope.
We can get it over the counter.

Andrew   Really? / How come?

His wife   Well / America's medical system / is so expensive /
that some drugs can be bought / straight from the pharmacy.

Pronunciation Key

★ When you say 'jet lag' your mouth makes the same shape as 'eggs'
– it is flat, not round – as if you're smiling.
The 'e' is a short sound, the 'a' is long.
jet lag 을 발음할 때 입모양을 eggs 와 같게 하자. * 평평하고, 둥글지 않게 마치 웃는 것처럼.
e 는 단음이고, a 는 장음이다.

1 그것은 [   ]의 증상을 도와줘.

It helps with symptoms of ~~ .

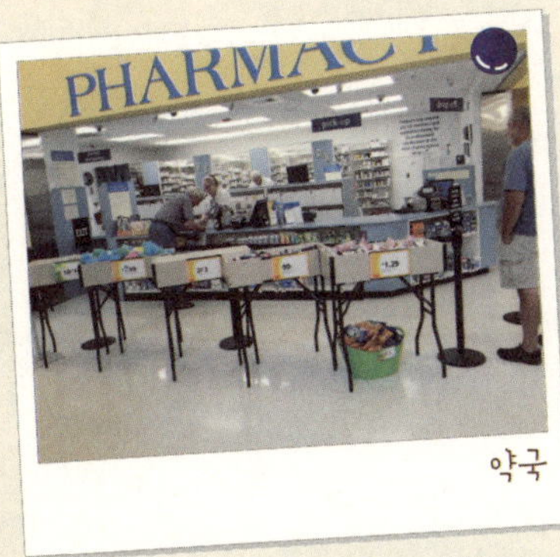

약국

- **hay fever** 알레르기 비염

- **colds and flu** 감기와 독감

- **depression** 우울증
  - ▷ mild depression 가벼운 우울증

2 우리는 [   ]에서/으로 구할 수 있어.   **We can get it ~~ .**

- **at the corner store** 구멍가게
  - ▷ at the corner store near my house
    내 집 근처 구멍가게

- **duty free** 면세점

- **at a discount price** 할인된 가격

　 "Key ★Points

Question tags 부가의문문
중학교 때 배운 부가의문문. 이것만 잘 사용하면 자연스럽게 강조를 할 수 있다.

> 부가의문문   ❶ 긍정문 에서는 ➡ 부정의 꼬리를 단다.
> 　　　　　　❷ 부정문 에서는 ➡ 긍정의 꼬리를 단다.

❶ 긍정문 에서는 부정의 꼬리를 단다.

be동사일 때

예 She is your ex-girlfriend, **isn't she?** 　그녀는 너의 예전 여자친구지? 그렇지?
　　긍정문　　　　　　　　부정의 꼬리

일반동사일 때

You understand, **don't you?** 　너 이해했지, 그렇지?
　긍정문　　부정의 꼬리

❷ 부정문 에서는 긍정의 꼬리를 단다.

be동사일 때

예 She isn't your ex-girlfriend, **is she?** 　그녀는 너의 예전 여자친구가 아니지? 그렇지?
　　부정문　　　　　　　　긍정의 꼬리

일반동사일 때

You don't understand, **do you?** 　너 이해 못했지? 그렇지?
　부정문　　　긍정의 꼬리

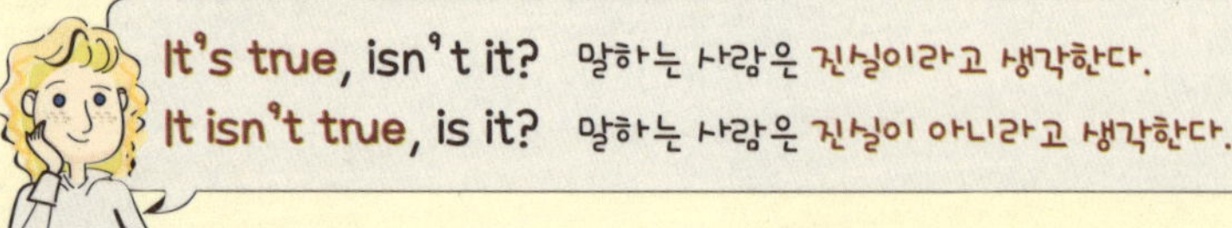

The road to recovery 회.복.으로 가는 길

우리나라 사람들은 속이 안 좋을 때 죽을 먹는다.

북미 사람들은 염분이 있는 크래커와 사이다 혹은 치킨 스프를 먹는다.

인도 사람들은 강황 카레의 노란색 성분과 꿀을 섞어 먹는다.

남아프리카 공화국, 영국, 뉴질랜드, 호주 사람들은 위스키에 레몬·설탕·온수를 섞은 음료 hot toddies를 마신다.

세르비아 사람들은 갈색으로 녹인 설탕과 따뜻한 우유를 섞어 마신다.

일본 사람들은 매실장아찌 umeboshi를 탈 때까지 구워 준 다음 뜨거운 녹차에 부어서 마시면 열을 내려준다고 믿는다. 이 매실장아찌는 숙취에도 좋다고 한다.

콜롬비아 사람들은 코를 톡 쏘는 것이 콧구멍을 깨끗하게 해준다고 믿는다.
다시 말해 마늘, 육두구, 월계수 잎 등을 정기적으로 코에 넣어 냄새를 맡는다.

08 무슨 일이야? (일이 오래 걸려서 기다릴 때)

What's the holdup?

주유하기

His wife

Babe! What's the holdup?

Andrew

Just waiting for the gas attendant.

His wife

(She laughs) It's self-service.

Andrew

Oops.

What should I do?

His wife

First, you have to get out and go to the counter inside.

Then pay upfront, and finally you should fill up the

tank yourself!

Andrew

Ok, I get it. What's the gas pump number?

His wife

Two, I think…

☐ holdup [**hohld**-uhp]		중지 / 멈춤
☐ gas station [gas **stey**-shu*h*n]		주유소
☐ gas attendant [gas *uh*-**ten**-du*h*nt]		주유소 직원
☐ self-service [**self-sur**-vis]		셀프서비스
☐ gas pump [gas puhmp]		주유기
☐ pay upfront [pey **uhp-fruhnt**]		미리 지불하다

그의 아내	**자기야! 뭘 그렇게 오래 기다려?**
앤드류	그냥 주유소 직원 기다리고 있는 중이야.
그의 아내	(웃으면서) 셀프 서비스야.
앤드류	아이쿠! 내가 어떻게 해야 되지?
그의 아내	첫 번째로, 당신이 내려서 카운터안으로 가. 다음에는 미리 돈을 지불하고, 마지막에 기름을 넣으면 돼!
앤드류	알겠어. 우리 주유기 번호는 몇 번이지?
그의 아내	2번인거 같은데...

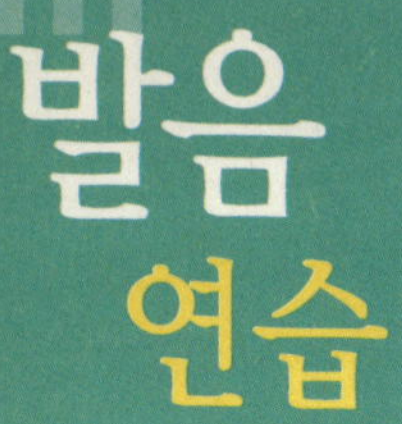

저자의 생생 리얼강의가 녹음되어 있으므로, 들으면서 발음연습을 해 보자.
띄어 읽거나 붙여 읽으면서 콩글리쉬 발음이 아닌 원어민 발음을 할 수 있다.

His wife	Babe / What's the holdup?
Andrew	Just waiting for the gas attendant.
His wife	It's self-service.
Andrew	Oops. / What should I do?
His wife	First / you have to get out / and go to the counter inside. / Then pay upfront/ and finally / you should fill up the tank yourself!
Andrew	Ok I get it. / What's the gas pump number?
His wife	Two / I think…

Pronunciation Key

★ In 'Konglish' we say 'serbice', but try to clearly pronounce the 'f' in self and the 'v' in service.

콩글리쉬에서 Self Service를 발음할 때 많은 사람들이 v를 b라고 발음한다.

그리고 self에서 f 를 정확하게 발음해야 한다.

1 [   ]가 뭐야? What's the ~~ ?

- **problem** 문제

- **idea** 생각
  - ▶**big idea** 큰/중요한생각

- **point** 요점
  - ▶**overriding point** 최우선시 되는 요점

* **What's the holdup?**

일이 오래 걸려서 기다릴 때 무슨 일이냐?고 물어볼 때
쓰지만 모르는 사람에게 쓰면 무례한 표현이다.
친한 사이일 때만 쓴다.

2 무엇을 [   ]야 되지? What should I ~~ ?

셀프 주유 기계

- **get** 가지다

- **say** 말하다

- **bring** 가져오다

"Key Points

> **"First**, you have to get out **and** go to the counter inside. **Then** pay upfront, and **finally** you **should** fill up the tank yourself!"

 서수들을 이용한다.

첫째	둘째	셋째	넷째	다섯째
first (1st)	second (2nd)	third (3rd)	fourth (4th)	fifth (4th)

예 First you have to get out and go to the counter.
우선, 내려서 카운터로 가야만 한다.

 순서 부사를 이용한다.

그리고 나서	다음에	그리고 나서	마지막으로
then	next	after that	finally

예 Then / Next you pay upfront.　　　그리고 나서 / 다음에 먼저 지불해라.

 명령어를 사용하거나 당위성을 나타내는 조동사를 쓴다.

예 Open it clockwise.　　　그것을 시계방향으로 열어라.

You have to get out and go to the counter.　　　너는 내려서 카운터로 가야만 한다.

You should fill up the tank yourself.　　　너는 스스로 연료탱크를 채워야 한다.

한국에서 운전을 한 번이라도 해 본 사람에게는 **미국에서** 대도시를 제외하고는

주차하기가 너.무.나. 쉽다.

큰 트럭이 주차를 해도 양쪽 문을 넉넉히 열 수 있는 공간이 주어진다.

아래의 차는 혼다 파일럿으로 9인승 대형인데도 공간이 넉넉하다. 지하 2층, 3층까지 내려

가는 우리에게 **미국은** 후진으로 주차할 일이 없는 **주차 천국**이다.

미국에서 운전하려면 국제운전면허증을 신청해야 한다.

근처 자동차 등록사업소에 방문하여, 반 명함사진, 여권, 운전면허증 그리고, 7000원 정도의 비용

으로 사용 가능기간이 1년짜리 국제운전면허증을 30분이내에 받을 수 있다.

09

애완동물들을 위한 모든 상품들 좀 봐 봐!

Look at all these items for pets!

Andrew

Wow, look at all these items for pets!

This aisle is like cat and dog heaven.

His wife

It's nothing compared to this store called 'Pet Smart'.

Andrew

What do you mean?

His wife

The whole building is filled with pet products.

Andrew

I won't talk about dog meat to my foreign friends anymore, even though it would only be a joke.

His wife

That's a good idea honey.

Actually, I would find it pretty shocking too.

☐ **aisle** [ahyl]   통로

☐ **pets** [pets]   애완동물

☐ **compared to** [kuhm-**pair** to]   ~와 비교했을때

☐ **actually** [**ak**-choo-*uh*-lee]   사실은 말이야 *무언가 다른 얘기를 꺼낼때*

☐ **even though** [ee-*vuhn thoh*]   ~에도 불구하구

☐ **shocking** [**shok**-ing]   놀라게 하는

앤드류   와우, 애완동물을 위한 모든 이 상품들 좀 봐봐!
          이 통로는 고양이와 개의 천국 같애.

그의 아내 '펫 스마트'라는 가게랑 비교하면 이건 아무것도 아냐.

앤드류   무슨 말이야?

그의 아내 건물 전체가 애완동물 상품에 관한 거야.

앤드류   이제 나 외국인 친구들에게 농담으로도 개고기 이야기 다신 안할래.

그의 아내 좋은 생각이야. 사실은, 니에게도 충격이었어.

저자의 생생 리얼강의가 녹음되어 있으므로, 들으면서 발음연습을 해 보자.
띄어 읽거나 붙여 읽으면서 콩글리쉬 발음이 아닌 원어민 발음을 할 수 있다.

Andrew	Wow / look at all these items for pets! / This aisle is like cat and dog heaven.
His wife	It is nothing / compared to this store called 'Pet Smart'.
Andrew	What do you mean?
His wife	The whole building is filled with pet products.
Andrew	I won't talk about dog meat to my foreign friends anymore / even though it would only be a joke.
His wife	That's a good idea honey. Actually / I would find it pretty shocking too.

애견 용품들

[P·A·T·T·E·R·N E·X·E·R·C·I·S·E]

패턴연습

1   와우, 모든 [　]을 좀 봐 봐!   Wow, look at all these ~~ !

- **people**   사람들

- **cars**   자동차

- **possibilities**   가능성들
  - ▶ endless possibilities   끝없는 가능성

2   [　]와 비교하면 아무것도 아니다.

It's nothing compared to ~~.

- **last time**   지난 번

- **my math homework**   내 수학숙제
  - ▶ what it used to be like   그것이 이전에 어땠었는지

⁶⁶Key ★Points

예 The result was satisfying.   그 결과는 만족감을 주었다.

I was satisfied.   나는 만족감을 받았어요. = 나는 만족했어요.

예 Working at night is tiring.   밤에 일하는 것은 피곤함을 줘요.

I am tired.   나는 피곤함을 받아요. = 나는 피곤해요.

Other commonly found examples 다른 예들

• boring	지루함을 주는	• bored	지루함을 받는
• exciting	흥미로움을 주는	• excited	흥미로움을 받는
• interesting	재미를 주는	• interested	재미를 받는
• tiring	피곤함을 주는	• tired	피곤함을 받는
• shocking	충격을 주는	• shocked	충격을 받는
• satisfying	만족감을 주는	• satisfied	만족감을 받는
• depressing	우울함을 주는	• depressed	우울함을 받는

몇 달 전 초등학생 영어토론을 진행한 적이 있었는데, 한 학생이 우는 것을 보았다.
서로의 말을 끊고 **매너없이 공.격.했던** 것이다.

여기 영어로 이야기 하면서,
상대방과 다른 의견을 말할 때 상대방을 인정 하면서 말하는 몇 가지 팁이 있다.

> **상대방과 다른 의견을 말할 때 상대방을 인정 하면서 말하는 몇 가지 팁**

★ I get your point, but...

당신의 중점을 이해했습니다. 하지만...

★ Fair enough, but on the other hand...

충분이 이해가 갑니다. 그러나 반면에...

★ I get what you're saying, however...

당신이 한 말을 이해했습니다. 그러나...

★ I understand where you're coming from.

나는 당신이 어디에서 왔는지 이해합니다.

10 이 많은 상품권(의 종류)에 압도되었네요.

I'm overwhelmed by all these gift cards. 상품권코너

Shop assistant

You need help, sir?

Andrew

Yes, please.

I'm a bit overwhelmed by all these gift cards.

Shop assistant

Who do you want to buy one for?

Andrew

My wife and I are visiting my parents-in-law and they never let me pay for anything...

Shop assistant

Ah, so you're thinking of treating them?

Andrew

Exactly. I guess taking them out to a family restaurant would be best.

☐ overwhelmed [oh-ver-**hwelmd**] 압도된

☐ gift cards [**geeft** kadz] 상품권 / 할인쿠폰

☐ parents-in-law [**pair**-*uh*nts-in-law] 부모 / 시부모 / 장인, 장모

☐ treat [treet] 대접하다

☐ family restaurant [**fam**-*uh*-lee **res**-*tuh*-rahnt] 패밀리 레스토랑

☐ exactly [ig-**zakt**-lee] **맞장구치는 말로** 맞아

가게 점원　선생님, 도와드릴까요?

앤드류　예, 부탁드릴게요.
　　　　이 많은 상품권(의 종류)에 압도되었네요.

가게 점원　누구에게 선물하실거죠? (누구를 위해서 사기를 원하시는 거죠?)

앤드류　제 아내와 저는 장인장모님을 방문했는데요.
　　　　그분들은 어떤 것도 제가 사지 못하게 하세요….

가게 점원　아, 그래서 그분들을 대접할 것을 생각하고 계시는 거죠?

앤드류　맞아요. 장인어른과 장모님을 패밀리 레스토랑에서 대접하는 것이
　　　　가장 좋을 것 같아요.

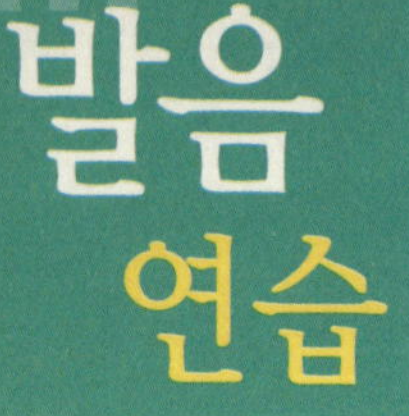

발음 연습

저자의 생생 리얼강의가 녹음되어 있으므로, 들으면서 발음연습을 해 보자.
띄어 읽거나 붙여 읽으면서 콩글리쉬 발음이 아닌 원어민 발음을 할 수 있다.

Shop assistant	You need help / sir?
Andrew	Yes, / please. I'm a bit / overwhelmed / by all these gift cards.
Shopkeeper	Who do you want to buy one for?
Andrew	My wife and I are visiting my parents-in-law / and they never let me pay for anything…
Shopkeeper	Ah / so you're thinking of treating them?
Andrew	Exactly. / I guess / taking them out to a family restaurant / would be best.

Pronunciation Key

★ If you add extra syllables into 'exactly' like [ek-zak-u-tu-lee],
try to pronounce the word without the t – you can just say [exac-lee].
exactly 를 발음할 때, 음절을 더해서 발음하면 [ek-zak-u-tu-lee]가 된다.
t 없이 [exac-lee]로 발음하도록 하자.

Track 32

1 나는 [   ]에 약간 압도되었어요. **I'm a bit overwhelmed by ~~ .**

- **all the work** 그 모든 일

- **all the cooking we need to do before Chuseok**
  추석 전에 해야 할 모든 요리들

- **the task at hand** 주어진 그 임무

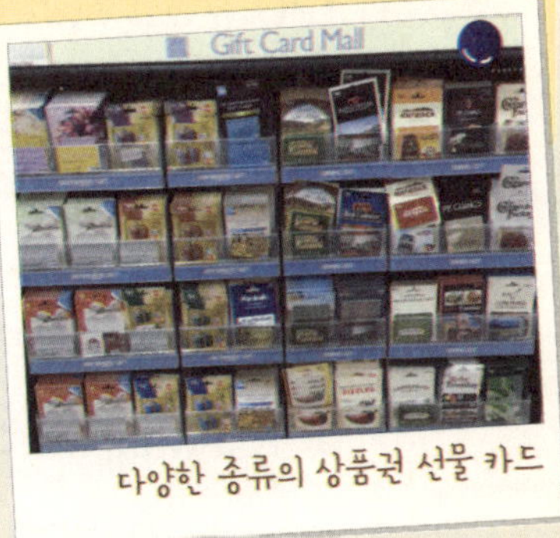

다양한 종류의 상품권 선물 카드

2 제 아내와 저는 [   ]하는 중입니다. **My wife and I are ~~ .**

- **renewing our vows** (결혼)서약을 갱신하다

- **going on vacation** 휴가를 가다

- **visiting her parents' house** 그녀의 부모님 댁을 방문하다

* 현재 진행형 [are + 동사의 -ing]
~하는 중이다라는 뜻도 있지만, 가까운 미래를 나타내는 부사구와 함께 쓰여서 미래를 나타낸다. 예 I am meeting her next week. 나는 다음주에 그녀를 만날 것이다.

₆₆ **Key Points**

 **"You need help, sir?"** 실제 대화에서 많이 쓰이는 테크닉

물론 문법적으로 맞게 쓰려면, 위의 문장은 "Do you need help, sir?" 이라고 해야 한다.

"You need help, sir?" 문법에 얽매이지 않는 실제 표현 문장

"Do you need help, sir?" 문법적으로 맞는 문장

하지만 격식에 얽매이지 않는 대화에서는, 그냥 평서문을 쓰고 마지막에 **억양만 올려주면 된다.** 이런 상황에서는 친근한 톤만 더하면 금상첨화! 실제 대화에서 상당히 많이 쓰이는 테크닉이므로 잘 알아두자.

예 You want it? 그걸 원해?

 **"My wife and I"** 내 아내와 나

학생들의 Writing 글쓰기을 첨삭하다 보면, 학생들이 많이 헷갈려 하는 부분 중 하나이다. 간단히 말하자면, **Me and my wife** 라고 하면 틀린다!

예 My family and I 내 가족과 나

My friend and I 내 친구와 나

My colleagues and I 내 동료들과 나

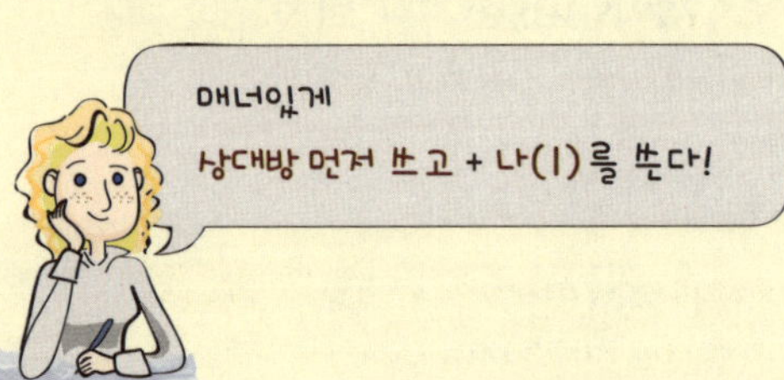

"

몇 달 전, 아버지께서 신문에 나온 영어 표현

I'll treat you. 내.가.살게를 암기하시고,

가족 식사 때 외국인 며느리에게
멋지게 한 턱 쏘시던 기억이 난다.

treat 단어와 어울려서 쓰이는 표현 몇 가지에 대해 알아보자.

❶ "My treat" = **I'll treat you.** 내가 살게. 와 같은 표현
It's on me.
I'll pay.

❷ "I want **a treat**" 나는 뭔가 달콤한 것을 원한다. 라는 표현

❸ "Treat yourself. " 당신 스스로 대접하라. 라는 표현
• I treated myself to a new car. 내가 큰 맘 먹고 새 차를 뽑았지.

❹ "Treat me with respect." 나를 존중해 줘. 라는 표현

한국인들은 한 번씩 돌아가면서 사는 것이 자연스러워서, **My treat!**을
자주 외치는데, 외국인들과 함께 할 때는 **Go Dutch!** 각자 계산하자! 가
더 편할 수가 있다.

Let's split the bill! 계산을 나눠서 하자! 도 덤으로 알아두자.

11 계산서를 받고 나갈까?

Shall we get the bill?

Track 33

팁 문화

Customer

Shall we get the bill?

Check, please!

Andrew

I always forget, how much are we supposed to tip?

Bernie

It's customary to tip 10-20%.

How much do you tip in Korea?

Andrew

We don't.

Waiters just depend on hourly rates.

Bernie

Interesting-hourly rates in the U.S. suck, so waiters mainly rely on tips.

Andrew

Aha. That's why they're so friendly and talkative.

☐ bill [bil]   계산서

☐ waiter [wey-ter]   웨이터

☐ gestures [jes-cherz]   몸짓, 제스쳐

☐ check [chek]   확인하다

☐ hourly rate [ouuhr-lee reyt]   시급

☐ customary [kuhs-tuh-mer-ee]   관례적인

옆테이블 손님	계산서를 받고 나갈까? (옆 테이블에서 들려오는 소리) 계산서 주세요.
앤드류	난 항상 까먹어. 얼마를 팁으로 줘야 하지?
버니	관례적으로는 10-20%야. 한국에서는 얼마의 팁을 줘야 해?
앤드류	우리는 팁을 주지 않아. 웨이터들은 시급에만 의존해.
버니	흥미로운데 – 미국의 시급은 완전 안 좋아, 그래서 웨이터들은 주로 팁에 의존을 해.
앤드류	아하. 그래서 그들이 그렇게 친절하고 말을 많이 하는구나.

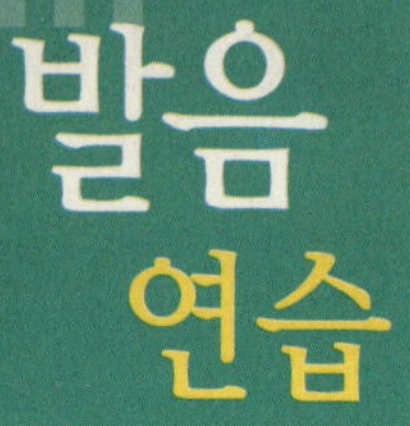

저자의 생생 리얼강의가 녹음되어 있으므로, 들으면서 발음연습을 해 보자.
띄어 읽거나 붙여 읽으면서 콩글리쉬 발음이 아닌 원어민 발음을 할 수 있다.

Customer	**Shall we get the bill?** Check please!
Andrew	I always forget / how much are we supposed to tip?
Bernie	It's customary / to tip 10-20%. **How much do you tip in Korea?**
Andrew	We don't. Waiters / just depend on hourly rates.
Bernie	Interesting-hourly rates in the U.S. suck / so / waiters mainly rely on tips.
Andrew	Aha. That's why / they're so friendly and talkative.

Pronunciation Key

★ Note that even though it is spelt 'customary', we don't say 'o' rounded, but rather a light **uh**.

customary에서 o를 입술을 둥글게 오므려 발음하지 않는다. 가볍게 **uh** 발음으로 하는 것이 더 낫다.

1 우리 [　　] 할래?　　　　　　　　　　**Shall we ~~ ?**

- **dance** 춤추다

- **have one more** 하나 더 가지다

- **play it by ear** 그 때 그 때 봐서 처리하다
   = 사정을 봐 가면서

2 한국에서 얼마나 [　　] 하니?

How much do you ~~ in Korea?

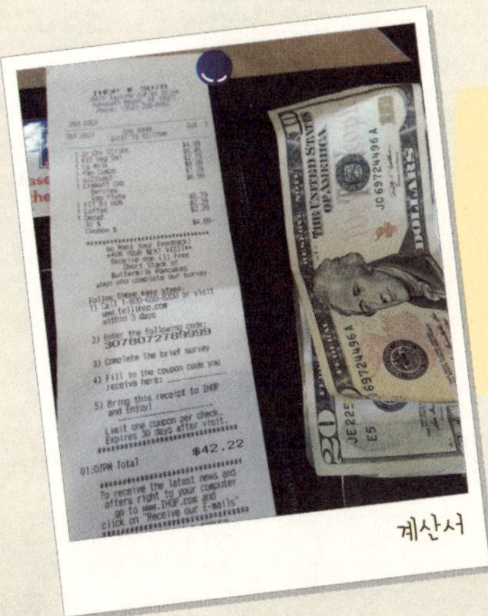

계산서

- **pay** 지불하다

- **pay for a taxi ride** 택시를 타는데 지불하다

- **spend on going out** 외식하는데 돈을 쓰다

Hourly rates suck! 시급 완전 구려!

앞에서 배운 외국인에게 오해를 부르는 이름에서의 Suck! 무언가 완전 나쁠 때, 아주 자주
쓰이는 표현이다.

명사 ✚ suck(s)!   완전 형편 없어!
                      완전 구려!

---

1 햄버거가 완전 맛이 없었을 때

> 예 [3인칭 단수] My hamburger sucks!   햄버거 진짜 맛없어!
>
> 예 [3인칭 복수] These hamburgers suck!   〃

핸드폰 성능이 나쁠 때

> 예 My cellphone sucks! 핸드폰 완전 구려!

영화가 기대보다 완전 최악일 때

> 예 The movie sucks!   영화 진짜 최악이야!

날씨가 완전 안 좋을 때

> 예 The weather sucks!   날씨 완전 구려!

원어민 vs 한국인 CULTURAL KEY — Confusing Gestures 헷갈리는 제스쳐

브이 | 한국, 일본에선 사진 찍을 때 포즈,
대부분 나라에선 평화 **peace**,
영국에선 욕

오케이 | 한국에선 돈
미국에선 알겠어!
프랑스에선 **you're worthless.**
넌 쓸모 없는 놈이야!

따봉 | 대부분 나라에서 **good!**
중동에서는 욕

검지랑 새끼 손가락 | 대부분 나라에선 **rock and roll** 락 음악
이탈리아 **your wife is unfaithful.**
너의 아내는 바람났다.

삿대질 | 대부분 나라에선 무례하다라는 뜻
필리핀에서는 입술(lips)을 뜻한다.

12 '나는 이것이 맛없어 보인다'고 말한 것이 아니에요.

I'm not saying
this doesn't look yummy.

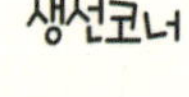

생선코너

Andrew

Where's all the good stuff?

His wife

You're looking at it.

Andrew

Excuse me (to cashier),

could I have a whole fish that's uncut?

Cashier

I'm sorry, we don't sell any…

His wife

Honey, you can't buy it like that at a grocery store

– people don't like to see and eat fish eyes.

Andrew

I'm not saying this doesn't look yummy, but there's

a Korean proverb that says 'the best part is the fish

head and beef tail'.

☐ uncut [uhn-**kuht**]   자르지 않은

☐ yummy [**yuhm**-ee]   맛있는 = tasty [**tey**-stee] 맛있는

☐ proverb [**proh**-vurb]   속담

☐ delicious [dih-**lish**-uhs]   맛있는

☐ fish head [fish hed]   생선머리

☐ beef tail [beef teyl]   소고기 꼬리

앤드류   그 많은 좋은 것들은 다 어디 있지?

그의 아내   지금 보고 있잖아..

앤드류   여기요(계산하는 사람에게), 제가 토막이 안 난 통생선을 구할 수 있을까요?

계산원   죄송합니다. 저희는 통째로 된 것은 팔지 않습니다…

그의 아내   자기야, 슈퍼마켓에서는 그런 것을 살 수가 없어–
사람들은 생선 눈들을 보면서 먹고 싶지 않거든.

앤드류   "나는 이것이 맛없어 보인다." 라고 말한 것이 아니라,
한국 속담에 '어두육미' 라는 말이 있어서 그런 거야.

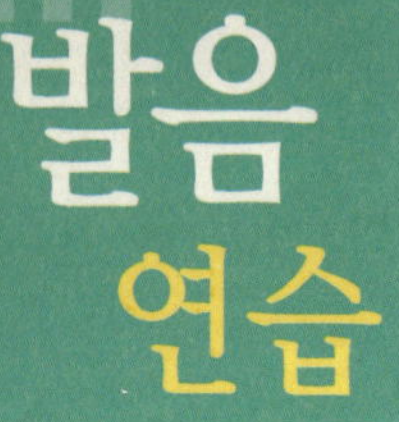

저자의 생생 리얼강의가 녹음되어 있으므로, 들으면서 발음연습을 해 보자.
띄어 읽거나 붙여 읽으면서 콩글리쉬 발음이 아닌 원어민 발음을 할 수 있다.

Andrew   Where's all the good stuff?

His wife   You're looking at it.

Andrew   Excuse me / could I have a whole fish / that's uncut?

Cashier   I'm sorry / we don't sell any…

His wife   Honey / you can't buy it like that at a grocery store /
—people don't like to see and eat fish eyes.

Andrew   I'm not saying / this doesn't look yummy
but there's a Korean proverb that says /
'the best part is the fish head and beef tail'.

Pronunciation Key

★ Be sure to say proverb with a 'v', not proberb – a common mispronunciation.

proverb 을 발음할 때 v 를 b 로 잘못 발음한다. 빈번하게 일어나는 잘못된 발음이다

1   죄송합니다만, 저희는 [   ] 하지 않습니다.

I'm sorry, we don't ~~ .

- **allow dogs in the restaurant**   식당 안에 애완견 출입을 허락하다
- **serve alcohol**   술을 팔다
- **have any tiramisu left**   티라미슈 케익이 남아있다

2   저는 [   ]고 말한 것이 아닙니다.   **I'm not saying ~~ .**

- **you should leave him**   당신이 그를 떠나야 한다
- **it's a bad idea**   그것이 나쁜 생각이다   = it's a terrible idea
- **I don't like it**   나는 그것을 좋아하지 않는다

 **I'm not saying~~ … 난 ~~라고 말한 것이 아니라**

말을 할 때, 상대방을 배려하고 부드럽게 **자신의 의견을 어필하는 표현**이다.
~~ 아니라 ~~이다라고 하여 뒤를 강조하는 문장이다.

> **"I'm not saying this doesn't look yummy, but…"**
>
> 저는 이것이 맛없어 보인다고 그렇게 말한 뜻이 아닙니다, 하지만…

본문에서는 '여기 파는 생선이 맛없어 보인다는 것이 아니라, 한국에는
어두육미라는 속담이 있다' 라는 말을 **강조**하고 싶은 것이다.

Other commonly found examples 다른 예들

- **I'm not saying** Jim isn't a nice guy, **but** what he did was rude.
  난 짐이 좋은 사람이 아니라는 것이 **아니라**, 그가 했던 행동이 무례했다는 것**이다**.

- **I'm not saying** you should break up, **but** you need a serious talk.
  나는 너희들이 깨지라는 말이 **아니라**, 좀 더 진지한 대화가 필요**하다**고 말하는 거야.

""

우리나라에 거주하는 외국인들에게 물었다.

어떤 음식이 가장 당신에게 혐.오.감.을 주는지?

순서는 다음과 같다.

1. 개불   live spoon worms

2. 보신탕   dog stew

3. 산낙지   live octopus

4. 번데기   silkworm larvae

5. 닭똥집   chicken gizzard

6. 곱창   barbecued intestines

7. 순대   boiled intestine sausage

8. 청국장   fermented bean soup

9. 홍어   fermented skate

10. 간장게장   raw crabs

11. 닭발   chicken feet

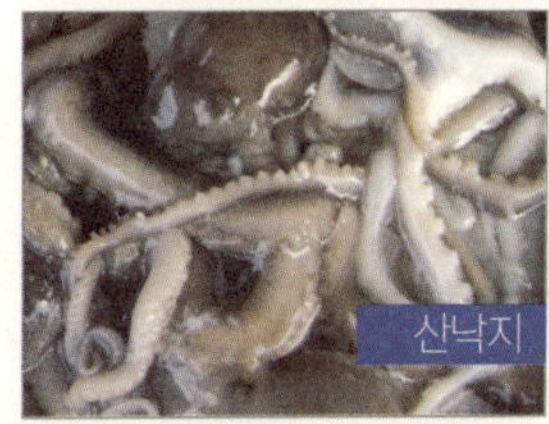

난 산낙지를 몰래 먹는다. 왜냐하면 내 아내가 완전 기겁하기 때문이다.

때로는 선의의 거짓말이 가족의 평화를 지킨다는 사실~~

13 내 작은 아들이 발진이 있어요.

My little boy has a rash.

약국에서

Mother

Hi, good morning. How are you?

I'm hoping you can help us – my little boy has a terrible rash.

Pharmacist

Is he allergic to anything?

Mother

Not explicitly, but he doesn't respond well to preservatives and he's just been to a birthday party…

Pharmacist

I see, so it's happened before?

Mother

Yes, that's why I don't think there's any major cause for concern, but…

Pharmacist

…you want him to stop scratching, right?

Mother

Right.

☐ rash [rash]	발진 / 가려움 / 땀띠	
☐ be allergic to [*uh*-**lur**-jik]	~에 알레르기가 있는	
☐ explicitly [ik-**splis**-it-lee]	명확하게	
☐ preservatives [pri-**zur**-v*uh*-tivz]	식품 첨가물	
☐ concern [k*uh*n-**surn**]	근심/걱정	
☐ scratching [skra-ching]	긁는 것	

어머니	안녕하세요? 약사님께서 저희를 도와주시길 바래요. **제 작은 아이가 심각한 발진이 있어요.**
약사	아이가 무언가에 알레르기가 있나요?
어머니	확실하진 않지만 없어요. 그렇지만 우리 애는 식품첨가물에 잘 견디지 못해요. 그리고 생일잔치에 그냥 있었구요….
약사	알겠어요. 그래서 발진이 그 전에도 발생했다는 말씀이시죠?
어머니	네, 그래서 이 문제에 대한 주요 원인이 없다고 저는 생각하지만…
약사	…어머니는 아이가 긁는 것을 멈추기를 원하시죠. 그렇죠?
어머니	맞아요.

저자의 생생 리얼강의가 녹음되어 있으므로, 들으면서 발음연습을 해 보자.
띄어 읽거나 붙여 읽으면서 콩글리쉬 발음이 아닌 원어민 발음을 할 수 있다.

Mother	Hi / good morning. / How are you? I'm hoping you can help us / -my little boy has a terrible rash.
Pharmacist	Is he allergic to anything?
Mother	Not explicitly / but he doesn't respond well to preservatives / and he's just been to a birthday party… /
Pharmacist	I see / so it's happened before?
Mother	Yes / that's why I don't think there's any major cause for concern / but…
Pharmacist	…you want him to stop scratching / right?
Mother	Right.

Pronunciation Key

★ Just like in the case of 'proverb', be careful not to say 'b' instead of 'v' in 'preservatives'. When we say 'b', our lips touch and our mouth closes. When we say 'v' our lower lip touches our upper teeth.

proverb 에서 v 발음을 주의해야 하는 것처럼, preservatives 에서 v 발음을 b 로 하지 않도록 주의해야 한다. b 를 발음할 때는 윗아랫 입술이 닿고 우리 입이 닫힌다.

v 를 발음 할 때에는 아랫입술이 윗니랑 닿는다.

1 그는 [   ]에 잘 견디지 못해요. **He doesn't respond well to~~ .**

- **threats** 협박
  - ▷ **empty threats** 말뿐인 협박
- **pressure** 스트레스 / 압박
- **rum** 럼주

2 내 작은 아이는 [   ]이 있어요. **My little boy has a~~ .**

- **bad cough** 심한 기침
- **tummy ache** 배앓이
- **problem** 문제
  - ▷ **problem at school** 학교에서의 문제

 **1** "My little boy **has** a terrible rash. "
내 작은 아들이 심한 **땀띠**(발진)가 있어요.

have / has a terrible rash   땀띠(발진)가 난다

have는 **가지고 있다** 라는 뜻을 가진 동사다. 그러나 물건이나 돈 뿐만 아니라 병이나 증상 등을 가지고 있다, 즉 ~병이 나다, ~한 증상이 있다라고 표현할 수 도 있다.

ⓐ가 붙는 표현

- I **have a cold**.   감기에 걸렸어요.
- I **have a cough**.   기침이 나요.
- I **have a sore throat**.   목이 아파요.
- I **have a fever**.   열이 나요.
- I **have a runny nose**.   콧물이 나요.
- I **have a rash**.   땀띠가 있어요.
- I **have a cavity**.   충치가 있어요.
- I **have a toothache**.   치통이 있어요.
- I **have a stomach ache**.   배가 아파요.
- I **have a backache**.   허리가 아파요.
- I **have an ear infection**.   중이염이 있어요.

ⓐ가 붙지 않은 표현

- I **have diarrhea**.   설사를 해요.
- I **have sinus**.(= a sinus infection.) 축농증이 있어요.
- I **have muscle pain**.   근육통이 있어요.
- I **have athlete's foot**.   무좀이 있어요.
- I **have phlegm**.   가래가 나와요.

  cf I **am constipated**. 저는 변비가 있어요.

우리는 감기나 가벼운 증상에도 병원을 자주 간다.

병.원.에. 간.다. 라는 영어표현에 대해 알아보자.

우리가 자주 쓰는 **I'll go to the hospital because I have a cold.**

나 감기기운이 있어서 병원에 갈 거야. 라는 표현은 **중상**일 때 – 심각한 병에 걸렸을때

쓰는 표현이다.

가벼운 감기증상일때는 **I'll see a doctor because I have a cold.**

를 쓰는게 더 적절하다.

이럴땐, **go to the hospital** 이라는 표현 보다 **see a doctor** 라는 표현을 쓰는 것이 더 적절한 표현이야.

모든 의사들을 DOCTOR라고 부르는 당신 몇 가지 알아보자.

★ Mental doctor 대신   **Psychiatrist** [si-**kahy**-*uh*-trist]

정신과 의사

★ Eye doctor 대신   **Optometrist** [op-**tom**-i-trist]

안과의사

★ 이건 알지?   **Dentist** [**den**-tist]

많이 알고 있는 **치과의사**   치과의사

★ Woman doctor 대신   **Obstetrician** [ob-sti-**trish**-*uh*n]

산부인과 의사

Gynecologist [gahy-ni-**kol**-uh-jist]

줄여서 **ob/gyn**이라고 한다.

★ 우리가 많이 가는   **Physician** [fi-**zish**-*uh*n]

일반적인 내과는?   일반적인 내과 의사

★ Skin doctor 대신   **Dermatologist** [dur-m*uh*-**tol**-*uh*-jist]

피부과 의사

성형외과는 **Plastic surgeon** 성형외과 의사 라고 말한다.

*plastic surgery 성형 수술

14 당신은 UFC 팬인가요?

You're a UFC fan?

스포츠 바

Andrew is sitting at a sports bar.
A younger woman starts talking to him.

The woman

You're a UFC fan?

Andrew

Yes, I'm from Korea – I love Chan Sung Jung.

The woman

I'm guessing that's the 'Korean Zombie'?

I like him, too.

Andrew

Really? Are you going to watch the match?

There are so many screens here I don't know where

to fix my eyes.

The woman

You bet I am. I'll ask the barman.

(To the barman) Where can we watch the lightweight

match between 'Aldo and the Korean Zombie'?

Barman

Upstairs.

☐ **sports bar** [spohrts bahr]	스포츠 바 스포츠 경기들을 관람하며 술을 마시는 곳
☐ **guess** [ges]	추측하다
☐ **match** [mach]	경기/시합
☐ **screens** [skreenz]	텔레비전 화면들
☐ **barman** [**bahr**-m*uh*n]	남자 바텐더
☐ **lightweight** [**lahyt**-weyt]	권투의 라이트급 선수 체중 57-61kg

앤드류는 <u>스포츠</u> 바에 앉아 있다. 한 젊은 여성이 와서 그에게 말을 건다.

젊은 여성 **당신은 UFC 팬인가요?**

앤드류 네, 저는 한국에서 왔구요. – 정찬성 팬이에요.

젊은 여성 '코리언 좀비' 말하는 거죠?
나도 그를 좋아해요.

앤드류 그러세요? 이 경기를 보실 건가요?
스크린(채널)이 너무 많아서 눈을 어디에다가 둬야 할지 모르겠네요.

젊은 여성 내가 해결할게요. 내가 바텐더에게 물어 볼게요.
(바텐더에게) '알도와 코리언 좀비'의 라이트급 경기를 어디서 볼 수 있나요?

바텐더 위층이요.

저자의 생생 리얼강의가 녹음되어 있으므로, 들으면서 발음연습을 해 보자.
띄어 읽거나 붙여 읽으면서 콩글리쉬 발음이 아닌 원어민 발음을 할 수 있다.

Andrew is sitting at a sports bar. A younger woman starts talking to him.

The woman You're a UFC fan?

Andrew Yes, / I'm from Korea / – I love Chan Sung Jung.

The woman I'm guessing that's the 'Korean Zombie'? / I like him too./

Andrew Really? / Are you going to watch the match? /
There are so many screens here / I don't know where to
fix my eyes.

The woman You bet I am. / I'll ask the barman.

(To the barman)

The woman Where can we watch the lightweight match / between
'Aldo / and the Korean Zombie'?

Barman Upstairs.

Pronunciation Key

★ Be sure to pronounce the 'ght' at the end of 'lightweight.
Careful not to say 'ligh-weigh' [laee-wey].
Lightweight의 마지막 ght의 발음을 확실하게 하자. ligh-weight [laee-weyt]라고 발음 하지
않도록 주의하자.

Track 44

1 당신은 [   ]팬입니까?   **You're a ~~ fan ?**

K-POP

- **K-Pop** 한국음악(K-Pop)
- **board games** 보드게임
- **football** 축구
- **baseball** 야구

* **Are** you **a fan of** hockey / K-pop / board games / football / baseball? 은 같은 뜻을 지닌 표현이다.

2 어디에서 우리가 [   ]수 있나요?   **Where can we ~~ ?**

- **get more of these** 이것들을 좀 더 얻다
  ▷ get more of these mini-spring rolls 작은 춘권들을 좀 더 얻다
- **go for a walk** 산책하다
  ▷ go for an early evening stroll 저녁산책을 나가다
- **buy Korean food** 한국음식을 사다

1 "**I'm guessing** that's the 'Korean Zombie"

> **I'm guessing** 주어 ✚ 동사 ~.
>
> ? (물음표)는 없지만 상대방에게 물어보는 표현이다

즉, 위의 문장은 Do you mean the Korean Zombie?
한국 좀비를 말하는 거예요? 라는 표현이다.

예 당신은 3시에 이곳에 있을 건가요?

I'm guessing you'll be here at 3.
= Will you be here at 3?

이 분이 너의 아버지시니?

I'm guessing this is your father.
= Is this your father?

2 a VS an

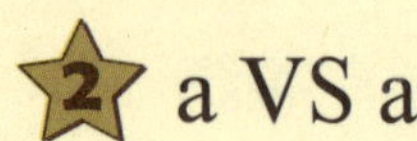

우리는 모음으로 시작되는 단어 앞에는 an apple, an orange 처럼
관사 an을 붙인다고 배웠다. 그런데 왜 본문의 여성은 You're a UFC fan?
이라고 했을까?
이유는 UFC의 첫 번째 소리가 자음처럼 들리기 때문이다. 스펠링이 아니라
발음에 따라 바뀐다. An hour!도 마찬가지이다.

원어민과 키와 몸무게, 날씨 그리고 거리를 이야기 하다 보면 계산기를 두들겨야 할 순간이 온다! 서로 **다른 단.위.**를 쓰기 때문이다.

순서는 다음과 같다.

우리나라	미국	
cm	1피트 feet	30.48cm
	1인치 inch	2.54cm
kg	1파운드 ib	0.45 kg
km	1마일 ml	1.60934km

175cm , 80kg의 남자를 미국에서는 어떻게 될까?

대략 5.7피트, 177파운드

$175 \div 30.48 = 5.7$ 피트

$80 \div 0.45 = 177$ 파운드

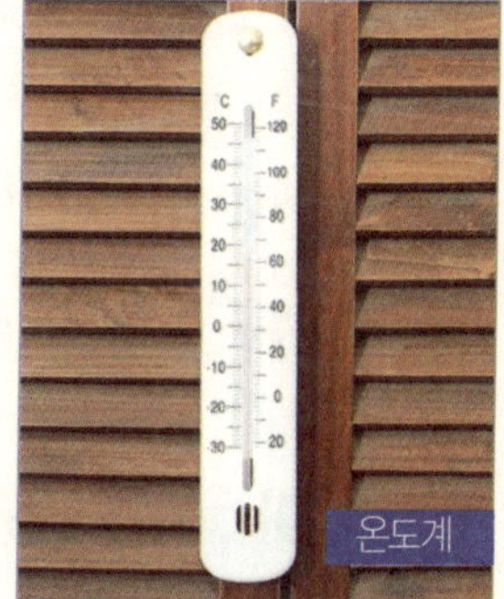

섭씨온도 (℃/ Celsius) $= (F-32) \quad 5 \quad 9$

화씨온도 (℉/ Fahrenheit) $= C \quad 1.8 + 32$

우리나라 한여름 35℃는 미국의 온도로 대략 몇 도(℉)정도일까?

해답 대략 95℉

15

그건 정말 맛있어요, 근데 좀 달아요.

They're really good, but kind of sweet. 디저트 가게

Andrew

Hi, can I get two plain caramel apples? One with peanuts and one with sprinkles.

Also what are those on the bottom?

Cashier

They're dipped in milk and white chocolate.

They're really good, but kind of sweet.

Andrew

Mmm…I'll take one of those.

My wife has a real sweet tooth. (Hands her his Visa)

Cashier

Oh, I'm so sorry. We don't accept cards, it's cash only.

Andrew

No biggy. I can take some money out.

Is there an ATM nearby?

Cashier

Outside on your left.

- caramel apples [**kar**-uh-muhl **ap**-uhl]   캬라멜 사과
- peanuts [**pee**-nuhts]   땅콩들
- sprinkles [**spring**-*kuh*lz]   알록달록한 컵케익 장식들
- bottom [**bot**-*uh*m]   맨 아랫 부분
- dipped [dipt]   액체에 살짝 담근
- accept [ak-**sept**]   받아들이다
- ATM (Automated teller machine) [**aw**-tuh-meyt **tel**-er muh-**sheen**] 현금 지급기

앤드류   안녕하세요. 보통의 카라멜 사과 2개를 주시겠어요? 하나는 땅콩가루 뿌린거랑 하나는 스프링클 뿌려진거요, 그리고 저 밑에 있는 것은 뭔가요?

계산원   그것들은 밀크 초코렛과 화이트 초콜렛에 담근 것들입니다. 정말 맛있었요, 근데 좀 달아요.

앤드류   음… 그것들 중 하나 살게요. 제 아내는 정말 단 것을 좋아하거든요. (계산원에게 그의 신용카드를 주면서)

계산원   오, 죄송한데요, 저희는 카드를 받지 않아요. 현금만 가능합니다.

앤드류   괜찮아요. 돈 좀 뽑아 올게요. 이 근처에 ATM 기계가 있나요?.

계산원   네, 저 바깥 왼쪽에 있어요.

캬라멜 사과

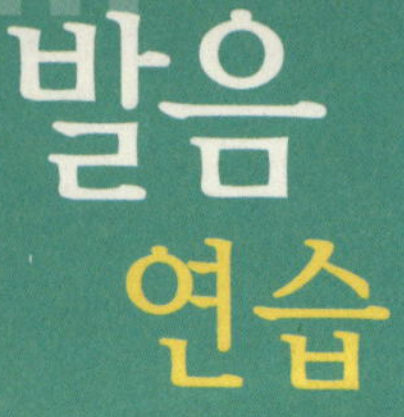

저자의 생생 리얼강의가 녹음되어 있으므로, 들으면서 발음연습을 해 보자.
띄어 읽거나 붙여 읽으면서 콩글리쉬 발음이 아닌 원어민 발음을 할 수 있다.

Andrew	Hi / can I get / two plain caramel apples ? one with peanuts / and one with sprinkles. / Also / what are those on the bottom?
Cashier	They're dipped / in milk and white chocolate. They're really good / but kind of sweet.
Andrew	Mmm… / I'll take one of those. My wife has a real sweet tooth. (Hands her his Visa)
Cashier	Oh / I'm so sorry. / We don't accept cards / it's cash only.
Andrew	No biggy. / I can take some money out. / Is there an ATM nearby?
Cashier	Outside on your left.

Pronunciation Key

★ When you say the ' l ' in caramel let your tongue touch your upper
and lower teeth. Don't say caramer by accident.

caramel 에서 l 를 발음할 때, 혀가 윗니와 아랫니를 닿게 하자. caramer 라고 발음하지 말자.

Track 47

1 저에게 [　]을 주시겠어요?　　　　　**Can I get ~~ ?**

- **two coffees** 커피 2잔
  - ▶ **two decaf coffees**
    카페인이 들어 있지 않은 커피 2잔
- **some help** 약간의 도움
  - ▶ **some help with the bags**
    이 가방들과 약간의 도움
- **more milk** 더 많은 우유

2 그것은 정말 좋네요, 근데 [　]해요.　**It's really good, but ~~ .**

- **expensive** 비싼

- **too salty** 너무 짠

- **I think you can do better**
  당신이 더 나을 수 있다고 생각하다

 **There is an ATM nearby.** 이 근처에 ATM이 한 대 있다.

의문문 으로 바꾸면!

Is there an ATM nearby? 이 근처에 ATM 기계가 있나요?

~이 있다 라는 말을 할때, 가장 중요한 표현

단수일 때 There is ✛ 단수명사

복수일 때 There are ✛ 복수명사

예 학생이 저 교실에 있다. → 있나요?

There is a student in that classroom.

Is there a student in that classroom? 

예 이 음식 안에 약간의 땅콩들이 들어가 있다. → 있나요?

There are some peanuts in this dish.

Are there any peanuts in this dish? 

There is/are 하나로 당신의 영어회화 기.초.골.격. 완성!

예 3명의 학생들이 학교 앞에 **있다**.

There are three students in front of the school.

3명의 학생들이 학교 앞에 **없다**.

There aren't three students in front of the school.

3명의 학생들이 학교 앞에 **있니**?　　의문문

Are there three students in front of the school?

3명의 학생들이 학교 앞에 **있었다**.

There were three students in front of the school.

3명의 학생들이 학교 앞에 **없었다**.

There weren't three students in front of the school.

3명의 학생들이 학교 앞에 **있었니**?　의문문

Were there three students in front of the school?

Vegetables 야채

양파
onions

파
green onions

배추
cabbage

마늘
garlic

생강
ginger

시금치
spinach

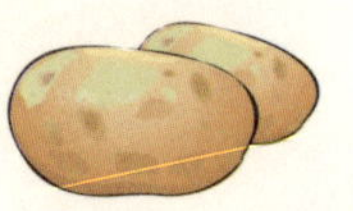

감자
potato

콜리플라워
cauliflower

오이
cucumber

고구마
sweet potato

늙은 호박
pumpkin

애호박
zuchinni

파프리카
bell pepper

무우
radish

옥수수
corn

고수
cilantro

콩
bean

부추
chives

버섯
mushroom

고추
chili

가지
eggplant

토마토
tomato

당근
carrot

브로콜리
broccoli

상추
lettuce

깻잎
sesame leaves

김, 미역
seaweed

109

16 당신의 주문 내용을 확인해 주세요.

Please confirm your order.

드라이빙 쓰루
음식점

Voice

Please, confirm your order.

Hi, may I help you?

Andrew

Uhm… yes, hi.

I ordered a coffee…

Voice

One regular coffee?

Andrew

Uhm… yes. Also, an orange juice, and two cheese burgers – one with fries, and one with a salad.

Voice

One regular coffee with cream and sugar, one orange…

Andrew

No, wait, hold up, sorry.

I would like a black coffee, straight up.

No milk, no sugar.

- [ ] **drive thru** [drahyv throo]   차에 탄 채로 이용할 수 있는 식당·은행 등
- [ ] **speaker** [**spee**-ker]   스피커/연설자
- [ ] **confirm** [kuhn-**furm**]   확인하다
- [ ] **regular** [**reg**-yuh-ler]   보통의/규칙적인
- [ ] **black coffee** [blak **kaw**-fee]   블랙 커피 = **Americano**

여자음성	당신의 주문 내용을 확인해 주세요. 안녕하세요, 뭘 도와드릴까요?
앤드류	음… 네, 안녕하세요. 저는 커피 한 잔 주문했는데요.
여자음성	레귤러 커피 하나요?
앤드류	음…그럼요, 그리고 오렌지 쥬스와 치즈버거 2개요. – 하나는 감자튀김이랑, 하나는 샐러드를 같이 주세요.
여자음성	레귤러 커피에 크림과 설탕, 오렌지…
앤드류	아니요, 잠시만요,. 멈추세요, 죄송합니다. 블랙으로 주문할게요. 순수하게 우유와 설탕 없이요.

Please, confirm your order

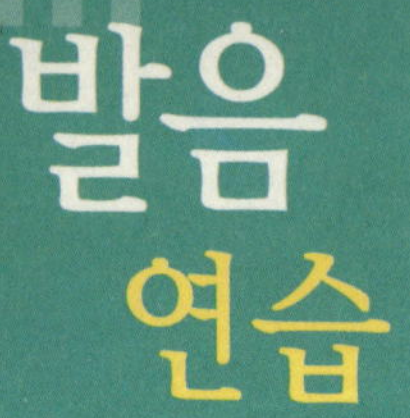

저자의 생생 리얼강의가 녹음되어 있으므로, 들으면서 발음연습을 해 보자.
띄어 읽거나 붙여 읽으면서 콩글리쉬 발음이 아닌 원어민 발음을 할 수 있다.

Voice   Please, confirm your order. / Hi / may I help you?

Andrew   Uhm… / yes / hi. /
I ordered a coffee…

Voice   One regular coffee?

Andrew   Uhm… / yes. / Also / an orange juice / and two cheese
burgers /- one with fries / and one with a salad.

Voice   One regular coffee with cream and sugar / one orange…

Andrew   No / wait / hold up / sorry. /
I would like a black coffee / straight up. /
No milk no sugar.

Pronunciation Key

★ In ' Konglish' we say [ka-pee] for coffee, but in English be sure
to pronounce the ' f ' sound in ' coffee'.
콩글리쉬에서 우리는 coffee 를 ka-pee 라고 발음한다. 그러나 영어에선 coffee 에서의 f 발음을
정확히 해 주어야 한다.

1 [　]을 확인해 주세요.　　　　　**Please confirm your ~~ .**

- **booking** 예약

- **appointment** 약속
    - ▶ **3 o'clock appointment** 3시 약속

- **pickup time** 마중시간

2 [　]을 주문했어요.　　　　　**I ordered ~~ .**

드라이브쓰루

- **a book** 책 한 권
    - ▶ **a few books online** 인터넷으로 몇 권의 책

- **a salad** 샐러드 한 접시

- **two sandwiches** 샌드위치 2개

Straight up 이것 저것 할 것 없이

1 **"Straight up"** 이것 저것 할 것 없이

이것 저것 할 것 없이라는 뜻이지만, 문맥에 따라 조금씩 다르게 해석된다.

예 I agree, straight up.   절대적으로 / 완전히 동의해.

A whiskey, straight up.   위스키는 섞지 말고, 스트레이트로.

Just tell me straight up.   솔직하게, 중점을 말해 / 거짓말 하지마.

2 up과 같이 쓰이는 이어동사 phrasal verb

동사 VERB ✛ 전치사 PREPOSITION

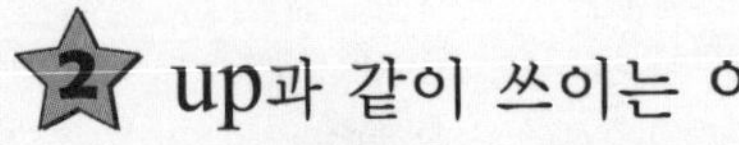

- fed up   ~에 대해 피곤하다
- messed up   망치다 / 어지럽혀지다
- speed up   속도를 올리다
- buckle up   안전벨트를 매다

 4과에 나오는 in과 같이 쓰이는 이어동사도 다시 한 번 복습해 보자.

아 다르고 **어** 다르다를 제대로 보여준다!

| 만났을 때 | Nice **to meet** you! | 만나서 반가워요! |

| 헤어질 때 | Nice **meeting** you! | 만나서 반가웠습니다! |

to부정사 는 미래의 의미 , 동명사 는 과거의 의미 를 지니기도 한다.

| 미래 | I want **to eat** pizza. 나는 피자를 **먹기를** 원한다.

원한다 want 가 먼저이고, **피자를 먹다**
eat pizza는 그 다음의 행동이다.
간단히 말하면,
지금은 아직 피자를 안 먹었고,
미래에 피자를 먹기를 원한다.는 의미이다.

| 과거 | I enjoy **eating pizza**. 나는 피자 **먹는 것을** 즐긴다.

피자 먹는 것 eating pizza은
이미 먹어 본 일이라서 즐기는 것(enjoy)이기 때문에,
피자를 이미 먹어 본적이 있다. 즉 과거에 피자를 먹었다.
라는 의미이다.

17

나는 심부름을 하고 있는 중이에요.

I'm running errands.

세탁소

Clerk

Good morning, how can we help you today?

Andrew

I would like to have these two suits dry-cleaned.

I'm running errands for my father-in-law.

Clerk

He's lucky to have you.

Is it urgent?

Andrew

It's not pressing. We'll need them by next weekend.

Clerk

Please, fill out this form here; we just need a contact

number and so on.

(The clerk calls her husband and says something to him in Korean.
Andrew is pleasantly surprised and responds in Korean.)

Andrew

한국인이세요? 안녕하세요? 그냥 한국말로 할 걸 그랬네요.

☐ **suits** [soots]	정장 / 양복
☐ **dry-clean** [**drahy-kleen**]	드라이 크리닝하다
☐ **errands** [**er**-*uh*ndz]	심부름들, 할 일들 *run errands 심부름을 하다 / 일을 보다
☐ **urgent** [**ur**-*juh*nt]	긴급한
☐ **contact number** [**kon**-takt **nuhm**-ber]	연락 가능한 번호
☐ **clerk** [klurk]	점원
☐ **pressing** [**pres**-ing]	압박하는, 긴급한　동 press 누르다 / 압박하다
☐ **and so on**	기타 등등

점원　안녕하세요, 무엇을 도와드릴까요?

앤드류　정장 2벌을 드라이 크리닝 을 맡기고 싶은데요.
　　　　장인어른을 위해 심부름을 하고 있는 중이거든요.

점원　장인어른이 사위가 있어 행복하시겠어요.
　　　급한 건가요?

앤드류　급한 건 아니에요. 다음주까지 필요해요.

점원　여기 이 양식 작성 하시구요; 연락 가능한 번호 등이 필요하거든요.

　　　(그 점원이 그녀의 남편을 부르면 무언가를 한국어로 얘기한다.
　　　앤드류는 기뻐서 놀라서 한국말로 말을 건다.)

앤드류　한국인이세요? 안녕하세요? 그냥 한국말로 할 걸 그랬네요.

발음 연습

저자의 생생 리얼강의가 녹음되어 있으므로, 들으면서 발음연습을 해 보자.
띄어 읽거나 붙여 읽으면서 콩글리쉬 발음이 아닌 원어민 발음을 할 수 있다.

Track 53

Clerk   Good morning / how can we help you today?

Andrew   I would like to have these two suits dry cleaned. /
I'm running errands for my father-in-law.

Clerk   He's lucky to have you. /
Is it urgent?

Andrew   It's not pressing. / We'll need them by next weekend.

Clerk   Please / fill out this form here / we just need a contact
number / and so on.

Andrew   (The clerk calls her husband and says something to him in Korean.
Andrew is pleasantly surprised and responds in Korean).

한국인이세요? 안녕하세요? 그냥 한국말로 할 걸 그랬네요.

Pronunciation Key

★ If you find the word 'clerk' [klurk] very hard to say, you can say it
the British way—[klahrk]
clerk이란 단어의 발음 [klurk]이 매우 어렵게 느껴진다면, 영국식 발음 으로 [klahrk]으로 발음
할 수 있다.

Track 54

1 우리가 어떻게 [　]할 수 있을까요?　　　**How can we ~~ ?**

세탁소

- **cure the situation**　그 상황을 해결하다
- **make it better**　그것을 더 낫게(좋아지게) 하다
- **fix this problem**　이 문제를 해결하다

2 나는 달린다.　　　　　　　　　　**I'm running ~~.**

문맥에 따라 **전혀 다른 의미**가 된다.

- **a marathon**　마라톤을 달린다

- **late**　나는 늦겠다
  - ▶**a little late**　약간 늦게

- **a business**　나는 사업을 운영한다
  - ▶**an online business**　인터넷 사업

Have + 사물 + P.P(과거분사) 누군가에게 사물이 P.P 되게 시키다

누군가에게 어떤일을 시킨다는 사역의 의미를 나타내는 문법적 표현이다.

I would like to have these two suits dry-cleaned.
정장 2벌을 드라이크리닝을 맡기고 싶은데요.

대부분 위의 표현을
I want to dry-clean these two suits. 라고 말하기
쉬운데 , 물론 의미는 통하지만 이 문장은
내가 직접 정장 두 벌을 드라이크리닝 하고 싶다는 말이다.
세탁소 등에서 옷을 맡길 때는 **have + p.p** 의 표현을 써야 한다.

"머리를 잘랐다." 라는 말은 누가 머리를 자른 것일까?

예 I cut my hair.
나는 거울을 보면서 머리를 잘랐다. 나 스스로 집에서

cf I had my hair cut.
나는 누군가에게 내 머리를 잘라달라고 시켰다. 즉 머리를 잘랐다. 헤어샵에서

▶ 불규칙동사 cut – cut – cut 자르다

Describing People's Hair

그림에 맞는 번호를 ☐ 안에 써 넣어 보세요.

해답 ① 긴 금발머리 ② 짧은 금발머리 ③ 여자 묶은머리 ④ 직모의 갈색머리 ⑤ 백발 ⑥ 긴 물결치는 머리 ⑦ 곱슬머리 ⑧ 구렛나루 ⑨ 땋은머리 ⑩ 중간길이의 검은 머리 ⑪ 대머리 ⑫ 콧수염 ⑬ 턱수염 ⑭ 쪽(을 찐 머리)

18 아들은 몇 살이에요?

How old is your son?

해변에서

Lifeguard   (Blows her whistle) Sir, how old is your son?

Andrew   (Looking proud) He's almost three now.

Lifeguard   The waters are open to the public today,

but I'm afraid he's going to have to wear a lifejacket.

Precautionary principles and all that.

Andrew   I'm sorry but we didn't bring one.

Lifeguard   No worries, we have some right here.

Andrew   Ah, cheers. Thanks a lot.

☐ lifeguard [**lahyf**-gahrd]　　　안전요원

☐ whistle [**wis**-*uhl*]　　　호루라기

☐ public [**puhb**-lik]　　　야외의 / 공중의　***public bathroom 공중화장실***

☐ lifejacket [lahyf **jak**-it]　　　구명조끼

☐ precautionary [pri-**kaw**-sh*uh*-ner-ee]　사전예방 / 안전수칙

☐ principle [**prin**-s*uh*-p*uh*l]　　　원칙

안전요원　(호루라기를 불면서) 아버님, **아들이 몇 살이죠?**

앤드류　(자랑스럽게 보며) 지금 거의 3살입니다.

안전요원　오늘 바닷가를 무료 개장해서요, 근데 아드님이 구명조끼를 입어야만 할 것 같아요, 사전 예방 원칙들 그런 거 있잖아요.

앤드류　죄송한데, 저희는 구명조끼를 안 가지고 왔는데요

안전요원　걱정마세요, 저희가 여기 몇 개 가지고 있어요.

앤드류　아, 고마워요. 정말 감사해요.

발음 연습

저자의 생생 리얼강의가 녹음되어 있으므로, 들으면서 발음연습을 해 보자.
띄어 읽거나 붙여 읽으면서 콩글리쉬 발음이 아닌 원어민 발음을 할 수 있다.

Track 56

Lifeguard	Sir / how old is your son?
Andrew	He's almost three now.
Lifeguard	The waters are open to the public today / but I'm afraid he's going to have to wear a lifejacket. / Precautionary principles and all that.
Andrew	I'm sorry but / we didn't bring one.
Lifeguard	No worries / we have some right here.
Andrew	Ah / cheers. / Thanks a lot.

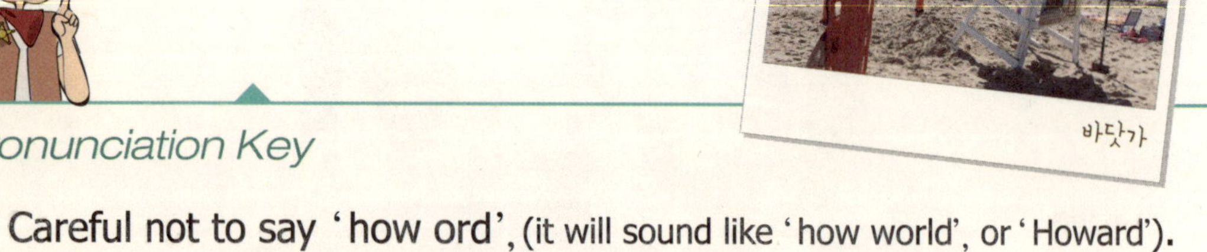

Pronunciation Key

★ Careful not to say 'how ord', (it will sound like 'how world', or 'Howard').
Try to say 'how old'.

how ord 같이 발음 하지 않도록 유의하자. how world 나 Howard로 들릴 것이다.
정확히 how old로 발음하자!

1 몇 살 [   ]? How old ~~ ?

- is your dog 너의 개는 ~이다

- can a tortoise get 거북이가 ~까지 살 수 있다

- do you think I am 너는 내가 ~이라고 생각하다
  - ▶do you think she is 그녀가 ~이라고 생각하다

2 [   ]은 일반 시민에게 개방하지 않는다.

~~ is not open to the public.

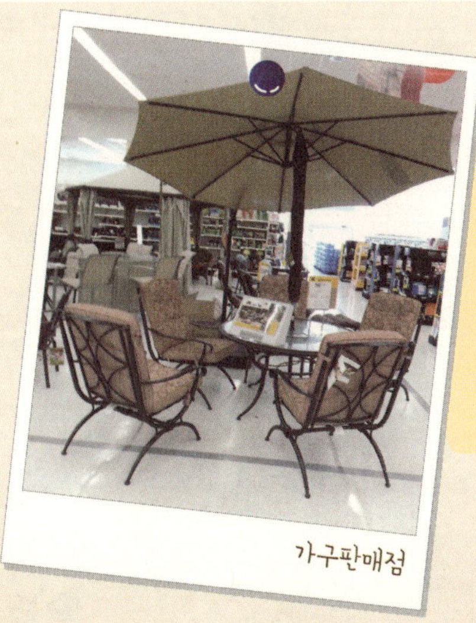
가구판매점

- The library 도서관

- The park 공원
  - ▶The water park 워터 파크

- This museum 이 박물관

 "**Key** Points

① "**What's your age?** "

우리가 배운 중학영어에서는
What's your age? = How old are you?라고 생각을 한다.
하지만, 원어민 영어표현의 의미는 다르다.

What's your age? 행정적 상황이나 권위자가 물어볼 때만
용납이 되는 표현

How old are you? 평상시 보통 나이를 물어보는 표현

 대화를 부드럽게 해 주는 표현들

no worries   no biggy 와 같은 표현이다.
걱정하지 마세요, 문제 없다 라는 뜻이다.

thanks   cheers, thanks a lot, nice one과 같은 뜻이다.
편안하게 고맙다고 말하는 방법들이다.

and all that   주로 문장 마지막에 넣는 표현이다.
기타 등등 / 그런 것들 이라는 뜻이다.

> 예 I'm bored by history-dates and figures **and all that**.
나는 역사가 지루해 – 날짜랑 인물들 그런 것들 뿐이잖아.

12년 전 아직도 **얼굴이 화끈거리는 기. 억.**

군대를 마치고 캐나다로 날라간 Andrew!

영어를 책으로만 공부해 온 그는 첫 홈스테이에서 룸메이트인 카를로스라는 멕시코에서 온 학생을 만났다.

룸메이트였지만 멕시칸 영어의 발음이 너무 알아듣기 어렵고 문법도 너무나 틀렸다.

한 두 달이 지나서 우연치 않게 홈스테이 맘과 얘기할 기회가 있었다.

앤드류는 이렇게 말했다.

19 너는 왜 안 가려운 거야?

How come you're not itching?

모기에
물렸을 때

His wife

I don't get it. It's completely unfair.
How come you're not itching?

Andrew

Maybe your blood is sweeter because you have
such a sweet tooth.

His wife

Haha…It's such a catch 22 . If I leave the mosquito
bites I itch like crazy. If I scratch myself it makes
scars, but it feels so friggin' good!

Andrew

Why don't I just get you some ointment from the
drugstore? Easy peasy.

His wife

That would seriously make my day!

- unfair [uhn-**fair**]   불공평한
- itch [ich]   가려운
- blood [bluhd]   혈액 / 피
- mosquito bite [m*uh*-**skee**-toh bahyt]   모기 물린 자국
- ointment [**oint**-m*uh*nt]   연고
- drugstore [**druhg**-stohr]   약뿐만 아니라 다양한 상품을 파는 곳
  ***pharmacy** 한국에서 볼 수 있는 약국의 형태

그의 아내   난 이해가 안돼, 완전 불공평해.
너는 왜 안 가려운거야?

앤드류   아마도 네 피는 더 달콤할거야.
왜냐하면 너는 단 것을 좋아하잖아.

그의 아내   하하… 그럼 catch 22같은 상황이네. – 모기 물린 자국이 있으면 난 심하게
긁잖아. 긁어서 상처를 만들지만 완전 시원하거든.

앤드류   내가 약국 가서 너에게 연고를 사다 주는 건 어때? 간단하잖아.

그의 아내   그러면 오늘 하루가 즐거울 것 같아!

연고 광고 사진

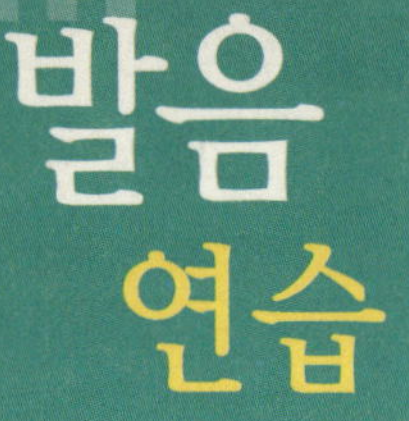

저자의 생생 리얼강의가 녹음되어 있으므로, 들으면서 발음연습을 해 보자.
띄어 읽거나 붙여 읽으면서 콩글리쉬 발음이 아닌 원어민 발음을 할 수 있다.

His wife — I don't get it / It's completely unfair. /
How come you're not itching?

Andrew — Maybe your blood is sweeter / because you have
such a sweet tooth.

His wife — Haha… / It's such a catch 22. / If I leave the mosquito
bites / I itch like crazy.
If I scratch myself / it makes scars / but it feels so friggin'
good!

Andrew — Why don't I just get you some ointment / from the
drugstore? Easy peasy.

His wife — That would seriously make my day!

Pronunciation Key

★ Sometimes the 'o' in 'not' is said as an 'u' sound. Then it sounds
like 'nut', so be sure to round your mouth and say 'not'.

가끔씩 not에서의 o는 u 소리처럼 난다. 그러면 그것은 nut과 같이 발음이 되므로,
입을 동그랗게 만드는 것에 신경 써서 not을 발음해 보자.

1 왜 [   ]하지 않니?　　　　　　　　　　**How come you're not ~~ ?**

- **coming to the party** 파티에 오다
  - ▶**coming to the reunion** 동창회에 오다

- **doing it** 그것을 하다

- **auditioning** 오디션을 보다

2 내가 [   ]하는 건 어때?　　　　　　　　　　**Why don't I ~~ ?**

- **call you back later** 너에게 나중에 전화를 다시 하다

- **ask him for you** 너를 위해 그에게 물어보다

- **check my schedule** 내 스케줄을 확인하다

* check my schedule and let you know
내 스케줄을 확인하고 너에게 알려주다

⁶⁶ **Key ★ Points**

 **"I don't get it"** 모르겠는데. / 이해가 안돼.

I don't understand it. 과 같은 뜻으로 일상 대화에서 자주 쓰이는 표현이다.

I don't get it . 모르겠어요.
I don't understand. = I have no idea.

 **It feels so friggin'good!** 그거 정말 좋거든.

friggin'good은 속어로 정말 좋다 라는 뜻이다.

 **Easy peasy!** 간단하잖아. / 문제 없어.

 **"Catch 22"** 진퇴양난, 딜레마

You have to have money to make money.

당신은 돈을 벌기 위해서 돈이 있어야만 한다.

스펠링이 약간 다른 경우

	미국영어	영국영어
중심	Center	Centre
색깔	Color	Colour
유머	Humor	Hamuor
극장	Theater	Theatre
킬로미터	Kilometer	Kilometre
비행기	Airplane	Aeroplane
도끼	Ax	Axe
수표	Check	Cheque
편안한	Cozy	Cosy
디스크	Disk	Disc
목록	Catalog	Catalogue
대화	Dialog	Dialogue
맺음말	Epilogue	Epilogue

단어가 완전 다른 경우

	미국영어	영국영어
화장실	washroom	toilet / lavatory
자동차 트렁크	trunk	boot
기다리는 줄	line	queue
후식	dessert	pudding
사탕	candy	sweets
엘리베이터	elevator	lift
지하철	subway	the Underground / the Tube
휴가	vacation	holiday
축구	soccer	football
쓰레기	garbage	rubbish / trash

20 제 아내와 저는 곧 한국으로 돌아가요.

My wife and I are going back to Korea soon.

Track 61

주류점

Andrew

Hi. My wife and I are going back to Korea soon.

I'm looking for a gift for my brother.

Shop assistant

Well, I highly recommend the Zinfandel.

It's uniquely Californian.

Andrew

Mmm…He's not a fan of wine though.

Shop assistant

All right, how about some Scotch?

Or is he more of a Bourbon guy?

Andrew

Scotch is right up his alley.

▶ **Zinfandel** 미국 캘리포니아에서 가장 많이 재배되는 적포도품종 와인

☐ **liquor store** [**lik**-er *stawr*]　　주류점

☐ **wine** [*wahyn*]　　와인

☐ **unique** [*yoo-***neek**]　　특별한

☐ **fan** [*fan*]　　~을 좋아하는 사람, 팬　*a fan of something 무언가를 좋아하는 사람

☐ **Scotch** [*skoch*]　　스코틀랜드산 위스키

☐ **Bourbon** [**boor**-*buh*n]　　미국산 위스키

☐ **It's right up your alley.**　　그것은 너의 장기/특기 이다.

앤드류　　안녕하세요. 제 아내와 저는 한국으로 곧 돌아가요.
　　　　형을 위한 선물을 찾고 있는데요.

점원　　글쎄, 저는 진판델 **Zinfandel**와인을 강력 추천해요.
　　　　특별하게 캘리포니아 산이에요.

앤드류　　음… 근데 형은 와인을 좋아하지 않아요.

점원　　알겠어요. 그러면 스카치는 어때요?
　　　　아니면 버번을 더 좋아하시나요?

앤드류　　스카치가 좋겠어요. 형은 완전 전문가죠!

주류점

135

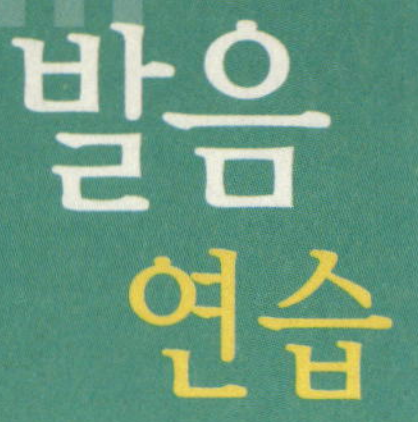

발음 연습

저자의 생생 리얼강의가 녹음되어 있으므로, 들으면서 발음연습을 해 보자.
띄어 읽거나 붙여 읽으면서 콩글리쉬 발음이 아닌 원어민 발음을 할 수 있다.

Track
62

Andrew	Hi. / My wife and I are going back to Korea soon. / I'm looking for a gift / for my brother.
Shop assistant	Well / I highly recommend the Zinfandel. / It's uniquely Californian.
Andrew	Mmm… / He's not a fan of wine though.
Shop assistant	All right / how about some Scotch? / Or is he more of a Bourbon guy?
Andrew	Scotch is right up his alley.

Pronunciation Key

★ When you say 'I highly recommend', change the position of yourmouth from highly (flat) to recommend (round). to say 'r'. If your mouth stays the same, you will say 'lecommend'.

I highly recommend를 발음할 때, r 을 발음하기 위해 입의 위치가 **highly**의 위(평평)에서 **recommend**(둥글게)로 바뀐다. 만약 당신의 입이 같은 위치에 있다면 **lecommend** 로 발음하게 될 것이다.

Track 63

1 [   ]는 한국으로 곧 돌아가요.

~~ are going back to Korea soon.

- **My sister and I** 제 누이와 저
- **My father-in-law and I** 제 장인과 저
- **His friend and I** 그의 친구와 나

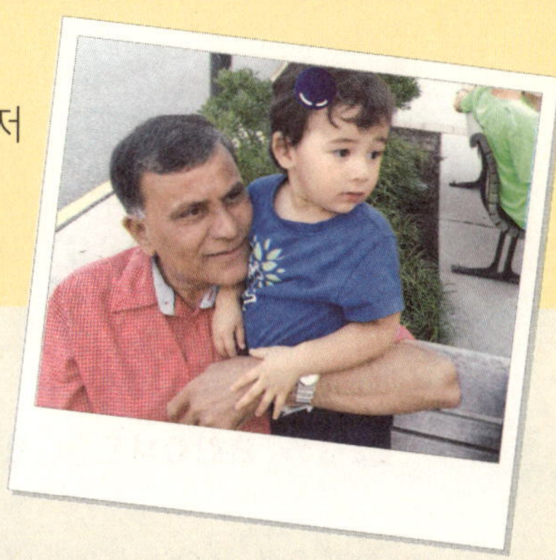

2 [   ]을 강력 추천합니다.　　　　**I highly recommend ~~ .**

- **visiting Jeju island** 제주도를 방문하는 것
- **you meet them halfway** 중간지점에서 당신이 그들을 만나는 것
- **trying live octopus** 산낙지를 한 번 먹어보는 것

* visiting Jeju island while you're in Korea
당신이 한국에 있을 때 제주도를 방문하는 것

상대방에게 추천하는 여러가지 방법들

본문대화처럼 주류점 직원이 무엇을 추천할 때 사용한 방법은

> I highly recommend ~~ .　~~을 강력히 추천합니다.
>
> How about ~~ ?　　　~~은 어떻습니까?

1 **I highly recommend** the Zinfandel.

저는 진판델을 강력 추천해요.

How about some Scotch? 스카치는 어때요?

 how about **meeting** at 3 o'clock?　3시에 만나는 건 어때?

Other commonly found examples 다른 예들

- **Try** the wine.　　　　　　　　　　그 와인을 먹어보세요.
- **Why don't you** try talking to him?　　그와 말해보는 건 어때?
- **I highly recommend** visiting Jeju island.　제주도를 방문하는 것을 강력 추천합니다.
- **How about** taking the subway?　　지하철을 타는 건 어때?
- **Let's** dance together.　　　　　　같이 춤을 춥시다.

Scotch vs Bourbon

Scotch		Bourbon	
Scotch	스코틀랜드  엿기름으로 당화한 술 최저 3년간 통에 담아 창고에 익힌 술 독특한 스모키향 조니워커, 발렌타인, 시바스리갈	Bourbon Whisky	미국  옥수수를 51% 이상 사용해 80도 이하로 증류한 뒤 화이트 오크의 안쪽을 불로 그을려 만든 술통에 2년 이상 숙성된 술 미국 켄터키 주 버번 카운티에서 유래된 명칭 짐빔, 와일드 터키
Irish Whisky	아일랜드  주원료인 엿기름과 보리, 호밀 등을 대형 단식 증류기를 이용해 세 번 증류한 뒤 3년 이상 저장, 숙성시킨 술 제임슨, 부시밀스		
Canadian Whisky	캐나다  호밀과 옥수수위스키를 섞은 블렌디드 (blended) 위스키로, 저장기간이 4년 이상된 술 캐나디안 클럽, 크라운 로열VO		

PART 2
본문

BONA PIZZA
NY STYLE 945-5554
WE DELIVER
16 LG CH 11
2 LG CH TWO LTR 23
2 SLICES & MED SODA 5
NEW RELEASES
movies & games
Family fun just got FUNNER

01 내가 너의 나이였을 땐 말이야~

When I was your age~

바닷가에서

Andrew is playing with his two year old at the beach.
His son doesn't like it very much.

Andrew

Wow, who would have thought…

Here I am bending over backwards for you to

experience the ocean and it turns out you don't like it.

I guess it's not rocket science.

I didn't like it either when I was your age.

It's kind of scary, right?

His son

Appa, Appa!

Andrew

Haha, you want me to pick you up?

You don't even like the sand, do you?

☐ bending [ben-ding]	구부리다
☐ backwards [**bak**-werdz]	뒤로 / 반대 방향으로
☐ experience [ik-**speer**-ee-*uh*ns]	경험
☐ rocket science [**rok**-it **sahy**-*uh*ns]	로켓 과학 상당히 어려운 문제를 뜻할때 쓰는 표현
☐ ocean [**oh**-sh*uh*n]	바다 / 대양
☐ scary [**skair**-ee]	겁이 나게 하는 *turns out 판명되다

앤드류는 그의 2살배기 아들과 해변에서 놀고 있었다.
그의 아들은 해변에서 노는 것을 매우 좋아하지 않았다.

앤드류　와우, 누가 생각이라도 해 봤겠니, 믿을 수가 없네…
　　　　아빠는 너에게 바다 경험을 시켜주려고 많이 노력하고 있는데,
　　　　넌 왜 이렇게 싫어하니!
　　　　이건 어려운 게 아냐. 내가 어렸을 땐 나도 좋아하지 않았어.
　　　　좀 무서운 거지, 그런거지?

그의 아들　아빠~ 아빠~

앤드류　하하, 아빠가 널 들어주길 원하니?
　　　　넌 모래사장도 좋아하지 않잖아, 그치?

저자의 생생 리얼강의가 녹음되어 있으므로, 들으면서 발음연습을 해 보자.
띄어 읽거나 붙여 읽으면서 콩글리쉬 발음이 아닌 원어민 발음을 할 수 있다.

Andrew

Wow / who would have thought… /
Here I am/ bending over backwards for you to
experience the ocean / and it turns out you don't like it. /
I guess it's not rocket science./
I didn't like it either when I was your age.
It's kind of scary / right?

His son

Appa / Appa!

Andrew

Haha / you want me to pick you up? /
You don't even like the sand / do you?

아빠와 아들

Pronunciation Key

★ **Practice the correct way of saying 'ocean' by repeating "shin ocean shin ocean"** – be aware that you shouldn't say 'oh-shon'.
ocean이라는 단어를 shin ocean, shin ocean 이렇게 반복하면서 올바른 방법을 연습하자.
oh-shon 이라고 발음하지 않도록 주의하자!

144

Track 66

1 내가 너의 나이였을 땐 말이야, [   ]. **When I was your age, ~~ .**

- **I was shy** 부끄러움을 많이 탔어
  - ▶ painfully shy 지나치게 수줍음이 많은
- **I felt the same** 나도 같은 기분을 느꼈어
- **I had to walk to school** 나는 학교에 걸어가야만 했었어

2 너는 내가 [   ]하기를 원하지? **You want me to ~~ ?**

- **pick you up from school** 너를 학교에서 데려오다 픽업하다
- **help out** 도와주다
- **bring anything** 무언가를 가져다주다 = bring you anything?

* 원래는 Do you want me to~ ? [의문문]이어야 하지만,
실제 대화에서는 평서문의 끝부분 억양만 올려주면 의문문처럼 쓸 수 있다.
예 **You are okay?** 괜찮니?

"Key Points"

 **"Who would have thought…"** 누가 생각이라도 해 봤을까…

우리가 믿을 수 없거나 황당한 일에 있을 때 잘 쓰이는 표현이다.

예 **Who would have thought** Andrew would have an international marriage? 누가 앤드류가 국제 결혼을 했을거라고 생각이라도 해 봤을까?

 I'm **bending over backwards**. 나는 최선을 다하고 있다.

I'm **bending over backwards**. 나는 최선을 다하고 있다.
= I'm going the extra mile. 나는 한층 더 노력을 할 것이다.

bend over backwards 는 매우 열심히 최선을 다하다 라는 뜻이다.

▶ bend over 몸을 구부리다

 **pick ~~ up** ① 들어 올리다 ② 기분을 좋게 하다

Pick up은 ① 들어 올리다 라는 뜻이지만, 비유적으론 I need a pick me up. 나는 내 기분을 들어 올릴 것이 필요해. 라는 뜻을 나타내기도 한다. 즉, 이 말은 ② 내 기분을 들어 올릴 것, ③ 술이나 두통약을 말할 때도 쓸 수 있다.

예 As a pick me up, I'll drink some beer. 기분전환으로, 난 맥주 좀 마실 필요가 있어.

장인, 장모로 비교해 보는 **TV와 독서를 통한 영어 습득법 비교**

	장모 **Mother-in-law**	장인 **Father-in-law**
성별 gender	female 여자	male 남자
이름 name	Pushpa Patel 푸시파 파텔	Pravin Patel 프라빈 파텔
국적 nationality	Indian Canadian 인도계 캐나다인	
직업 occupation	motel business 모텔 숙박업	cigarette retailer 담배 소매업
거주기간 residence period	30 years residence in Canada 캐나다 거주30년	
영어 습득법 way to learn English	Watching TV / drama TV/드라마 보기	Reading diverse books 책 많이 읽기
영어로 대화시 장점	상대방과 자연스럽고 친근한 대화를 이끈다. 예를 들어, Have a nice day, honey! 라고 손님에게 인사를 한다.	미국이나 캐나다에서 정규교육을 받은 사람에게도 어려운 어휘를 자유자재로 사용한다. 단어의 격이 달라, 사람들의 극찬을 받는다.
영어로 대화시 단점	사용 단어 범위가 좁고, 문법적 파괴가 자주 보이지만 커뮤니케이션에는 문제가 전혀 없다.	어휘의 난이도는 높으나 미디어를 통해 상대방과 공유할 수 있는 지식이나 표현 스타일이 부족하다.

TV와 같은 시대의 흐름을 타는 미디어를 통해 언어의 감각을 기르고 다양한 장르의 독서를 통한 다양한 어휘 습득이 더해지면, 최고의 영어학습의 길이다.

02 그 앞 쪽에 바로 휴게소가 있어.

There's a rest stop up ahead.

휴게소에서

Andrew and his wife are on their way to a wedding.
They're driving overnight because it is quite far.

Andrew

There's a rest stop up ahead.

You wanna stop?

His wife

Sure, I'm quite peckish.

Andrew

Me too, and I need to stretch my legs.

His wife

I'll go grab us a bite to eat.

What do you feel like?

Andrew

Let's get the special - two slices of pizza and

we can share a soda.

- overnight [**oh**-ver-**nahyt**]   하룻밤 동안에
- rest stop [rĕs-**top**]   휴게소
- peckish [**pek**-ish]   약간 출출한
- stretch [strech]   스트레칭하다
- grab [grab]   특히 바빠서 급히[잠깐]…하다   *grab (일반적으로) 잡다
- share [shair]   나누다 / 공유하다

앤드류와 그의 아내는 결혼식에 가는 길이었다.
그들은 거리가 꽤 멀기 때문에 하룻밤 동안 운전을 하고 있었다.

앤드류   그 앞 쪽에 바로 휴게소가 있어.
그 잠깐 멈췄다 갈까?

그의 아내   그래, 나 약간 출출해.

앤드류   나도 그래, 다리 좀 펴고 스트레칭 좀 해야겠어.

그의 아내   내가 간단히 먹을 것 좀 사 올게.
뭐 먹고 싶어?

앤드류   특별히(광고된) – 저 피자 두 조각으로 먹자. 탄산음료는 나눠 먹고.

피자 '보나'

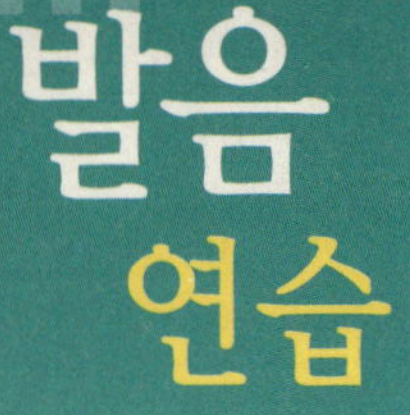

발음 연습

저자의 생생 리얼강의가 녹음되어 있으므로, 들으면서 발음연습을 해 보자.
띄어 읽거나 붙여 읽으면서 콩글리쉬 발음이 아닌 원어민 발음을 할 수 있다.

Track 68

Andrew and his wife are on their way to a wedding.
They're driving overnight because it is quite far.

Andrew

There's a rest stop up ahead. /

You wanna stop?

His wife

Sure / I'm quite peckish.

Andrew

Me too / and I need to stretch my legs.

His wife

I'll go grab us a bite to eat. /

What do you feel like?

Andrew

Let's get the special / - two slices of pizza

and we can share a soda.

Pronunciation Key

★ **In Konglish we say** [pee-ja], **but in English be sure to say** [pizza] **with a clear 'z' in the middle.**

콩글리쉬에선 우리는 pizza 를 pee-ja 라고 발음한다. 그러나 영어에선 중간에 명확한 z 소리와 함께 발음한다.

[P·A·T·T·E·R·N E·X·E·R·C·I·S·E]
패턴연습

1 그들은 [   ]에 가는 길이다.   **They're on their way to ~~ .**

놀이동산

- **an amusement park** 놀이동산
- **New York** 뉴욕
- **a funeral** 장례식

2 내가 가서 [   ]을 가져 올게.   **I'll go grab us ~~ .**

후렌치 후라이

- **a snack** 과자
  - ▶ *a light snack* 가벼운 간식
- **some napkins** 냅킨 몇 장
- **some more drinks** 좀 더 많은 음료
  - ▶ *something to clean with* 청소할 것

 **1** “You **wanna** stop? ”

Wanna + 동사원형은 ~을 원하다 라는 뜻으로, want to + 동사원형을 비격식적으로 줄인 형태이다.

주어 ✛ **wanna** ✛ 동사원형 ✛ ?   ~을 원하니?

원어민스러운 영어를 원한다면 이렇게 한 번 말해 볼까?

- Wanna grab a drink? = Let's go for drinks.   술 한 잔 하러 가자!

- Wanna get out of here? = Let's leave.   떠나자.

- Wanna share? = Do you want to share?   나누어 먹길 원하니?

- Wanna let me know what's up?   내게 무슨 일인지 알려 줄래?
  = Let me know what's going on.

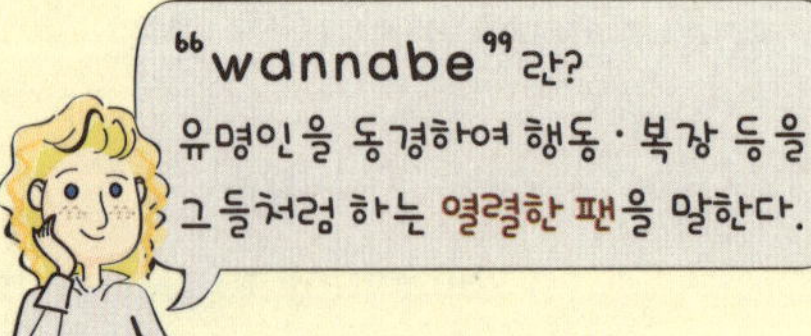

▪ 그럼 우리나라의 SG워너비란 그룹명은 ?

Simon and Garfunkel 사이먼 앤 가펑클 이라는 미국 가수의 앞자를 따서 SG에 그들의 음악을 추구하고 좋아하는 팬이라는 뜻의 wannabe를 합성해서 만든 그룹명이다.

① 사랑하는 사람들에게 안부를 전할 때

Send them **my love.**　　　그들에게 안부 전해 주세요.

Send my regards to Andrew.　앤드류에게 안부 전해 주세요.

Tell Ella **I said hi.**　엘라에게 제가 안부 전한다고 말해주세요.

② 우리가 굳이 하지 않아도 될 상황 에서 말을 해야할 때 쓰는 표현이다.

I don't mean to intrude'...　　방해할 의도는 아닙니다만…

▷ intrude 방해하다

I don't mean to be nosy...　　제가 참견할 의도는 아닙니다만..

▷ nosy 참견하기 좋아하는

I know it's none of my business but...
제가 상관할 바가 아닌 것을 알고 있지만…

03 어디 가세요?

Where (are) you headed?

자전거 도로에서

Biker

Morning! Where (are) you headed?

Andrew

Not sure, I'm not from here.

Just exploring I guess.

All the roads here are so convenient.

Are there any challenging routes nearby?

Biker

Yes, cross the bridge and you'll find a nice hill on the other side. Scenic, too.

Andrew

Ok, fighting!

Biker

What now?

Andrew

Er…No pain no gain!

Biker

Yes, mind over matter. Haha – enjoy!

☐ **exploring** [ik-**splawr**-ing]　　탐사 / 탐험하고 있는　*explore 탐사 / 탐험하다

☐ **convenient** [*kuh*n-**veen**-*yuh*nt]　편리한

☐ **challenging** [**chal**-in-jing]　　도전할 할만

☐ **routes** [root, rout]　　　　　　길 / 경로

☐ **hill** [hil]　　　　　　　　　　언덕

☐ **scenic** [**see**-nik]　　　　　　경치가 좋은

☐ **mind over matter**　　　　　　정신력에 달린 문제

자전거 타는 사람　안녕하세요? **어디 가세요?**

앤드류　　　잘 모르겠어요. 전 여기 사람이 아니거든요.
그냥 돌아다니고 있어요.
모든 길들이 너무나 편리하네요.
근처에 좀 도전할 만한 경로가 있나요?

자전거 타는 사람　네, 다리를 건너면 당신은 반대 쪽에 있는 멋진 언덕을 발견할 거에요.
경치도 좋구요.

앤드류　　　네, 파이팅!

자전거 타는 사람　뭐라구요?

앤드류　　　어... '고통 없인 얻는 것도 없다' 라구요.

자전거 타는 사람　네, 정신력에 달린 문제지요. 하하. 즐거운 시간 보내세요!

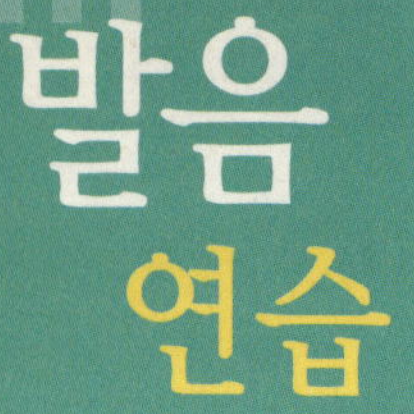

저자의 생생 리얼강의가 녹음되어 있으므로, 들으면서 발음연습을 해 보자.
띄어 읽거나 붙여 읽으면서 콩글리쉬 발음이 아닌 원어민 발음을 할 수 있다.

Track 71

Biker	Morning! / Where (are) you headed?
Andrew	Not sure / I'm not from here. / Just exploring I guess. / All the roads here are so convenient. / Are there any challenging routes nearby?
Biker	Yes / cross the bridge / and you'll find a nice hill on the other side. / Scenic too.
Andrew	Ok / fighting!
Biker	What now?
Andrew	Er… / No pain / no gain!
Biker	Yes / mind over matter. / Haha—enjoy!

자전거 타는 사람

Pronunciation Key

★ Sometimes people don't say the 't' at the end of 'convenient'.
It is okay when you're talking fast.

가끔씩 빨리 말할 때에는 **convenient** 에서 t 발음을 하지 않아도 괜찮다.

 **1** 당신은 어디 [　]?　　　　**Where (are) you ~~ ?**

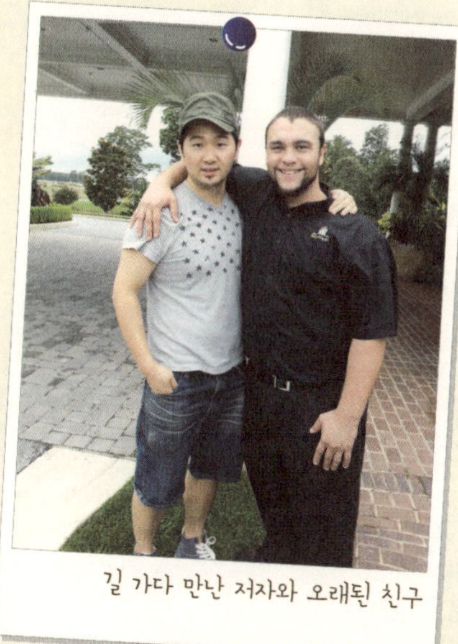

길 가다 만난 저자와 오래된 친구

- **going** 가는 길입니까?
- **at** ~에요? , ~있어요?
- **coming from** ~~에서 왔어요?

2 [　]이 근처에 있나요?　　　　**Are there any ~~ nearby?**

- **picnic spots** 소풍 장소들
  ▶ scenic picnic spots 경치가 좋은 소풍 장소들
- **toilets** 화장실들
- **places to eat** 먹을 장소들
  ▶ cheap places to eat 저렴한 먹을 장소들

 ⭐ **Key Points**

⭐ **1** **"Where (are) you headed?"** 어디 가세요?

비슷한 표현으로는

> ## Where are you going?
> ≡ **What's your destination?** 어디 가세요?
> ≡ **Where you headed?**
>
> ▶ destination 목적지

⭐ **2** **"I'm not from here"** 난 여기 사람이 아니에요.

외국인이 낯선 지역에서 **길을 물어올 때의 표현**

예 A : Where can I get a bite to eat?
간단히 먹을 곳이 어딘지 아세요?

B : I'm sorry, I'm not from here.
미안한데, 여기 사람이 아니에요

⭐ **3** **fighting!** 은 우리만 쓰는 특이한 표현이다!

영어에서는 **문맥에 따라** 다음과 같은 표현을 사용한다.

- **Do your best .** 최선을 다해!
- **Go for it !** 그냥 밀고 나가!
- **No pain no gain.** 고통 없이는 얻는 것도 없어.
- **Good luck, break a leg!** 행운을 빌어!

한국 이외의 나라에선 통하지 않거나, **정확한 의미를 전달하지 못하는 어휘들**

	콩글리쉬	원어민 영어
개그맨	gagman	comedian
다이어리	diary	organizer 혹은 day planner
노트	note	notebook
노트북	notebook	laptop
런닝머신	running machine	treadmill
리모콘	remocon	remote control
린스	rinse	conditioner
바바리 코트	Burberry coat	trench coat
믹서기	mixer	blender
모닝콜	morning call	wakeup call
매니큐어	manicure	nail polish
빽(연줄)	back	connection
썬크림	sun cream	sun block
썬팅	sunting	window tinting
애프터서비스	after service / AS	follow up service
에로영화	ero movie	adult movie
폴라티	polar-T	turtleneck
호치키스	Hochkiss	stapler
플래카드	plancard	banner
런닝셔츠	running shirt	undershirt

04 잠 든 것처럼 보이네!

You seem to be dozing off.

가구점에서

Andrew's friend, Bernie, who lives in the U.S. went furniture shopping.

Bernie

You okay bud? You seem to be dozing off.

Andrew

Not far from the truth. I'm just daydreaming of…

Bernie

Oh, yeah? About what?

Andrew

About owning a set of furniture for the balcony of my dream house.

Bernie

I thought you said you only had a small outdoor space where you lived?

Andrew

We do, sadly. Hence, the daydreaming.

If I lived in the States I would buy this in a heartbeat.

☐ dozing [**dohz**-ing]	잠자고 있는	동 doze 깜빡 잠이 들다, 졸다
☐ truth [trooth]	사실	
☐ daydreaming [**dey**-dreem-ing]	공상에 잠기는 것	
☐ owning [ohn-ing]	~을 소유하는 것은	동 own ~을 소유하다
☐ furniture [**fur**-ni-cher]	가구	
☐ balcony [**bal**-kuh-nee]	발코니 / 베란다	
☐ in a heartbeat [**hahrt**-beet]	생각해 볼 것도 없이 당장	

미국에 살고 있는 앤드류 친구 버니와 앤드류는 쇼핑하러 왔다.

버니   친구야, 괜찮아? 자는 것 처럼 보이는데.

앤드류   사실과 달라. 난 공상에 잠겨 있어…

버니   어, 그래? 뭔데?

앤드류   내 꿈의 집의 발코니를 위한 가구 세트를 가지는 것에 대해서.

버니   너는 지금 사는 곳이 작은 바깥 공간 밖에 없다고 했잖아.

앤드류   맞아, 슬프게도. 상상일뿐이야.
지금 만일 내가 미국에 살았더라면…생각해 볼 것도 없이 당장 이것을
살텐데.

저자의 생생 리얼강의가 녹음되어 있으므로, 들으면서 발음연습을 해 보자.
띄어 읽거나 붙여 읽으면서 콩글리쉬 발음이 아닌 원어민 발음을 할 수 있다.

Andrew's friend, Bernie who lives in the U.S. went furniture shopping.

Bernie You okay bud? / You seem to be dozing off.

Andrew Not far from the truth. / I'm just daydreaming of…

Bernie Oh yeah? / About what?

Andrew About owning a set of furniture / for the balcony of my dream house.

Bernie I thought you said you only had a small outdoor space / where you lived?

Andrew We do / sadly. Hence, the daydreaming.
If I lived in the States / I would buy this in a heartbeat.

Pronunciation Key

★ When you say 'balcony', try to place your tongue between your teeth to say the 'l' clearly.

balcony를 발음할 때 l 을 명확하게 발음하기 위해서 혀를 이빨 사이에 위치하도록 노력하자.

Track 75

1 당신은 [   ]처럼 보인다.　　　　**You seem to be ~~.**

피곤한

- **having a good time** 좋은 시간을 보내다
- **tired** 피곤한
- **upset** 화가 난

2 [   ]을 소유하는 것에 대해 꿈 꾸는 중이예요.

I'm just daydreaming of owning ~~.

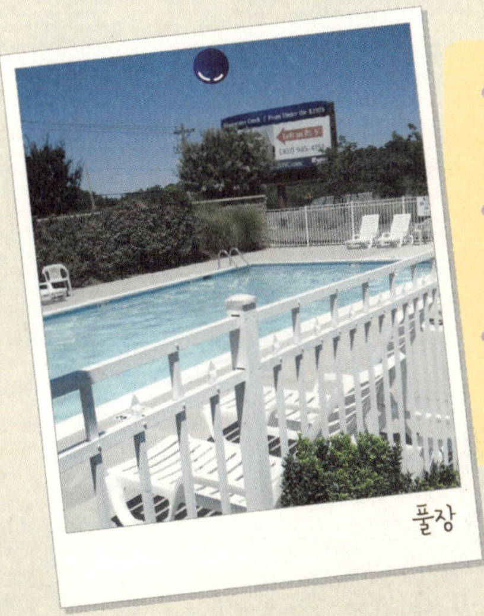

풀장

- **my own private pool** 개인수영장
- **a pair of heels** 여자 구두 한 컬레
  - ▶a pair of killer heels 굽이 높은 여자 구두 한 컬레
- **a collection of jewelry** 보석 소장품
  - ▶a collection of vintage jewelry 오래 된 보석 소장품

" Key Points

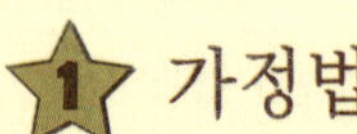 **가정법**

> ## If I **lived** in the States, 지금 만일 내가 미국에 산다면,
> ## I **would buy** this in a heartbeat.
> 나는 망설임도 없이 당장 이것을 살 텐데…

이 문장은 많은 학생들이 헷갈려 하는 가정법 중 과거이다.
똑같은 문장을 다른 가정법을 써서 표현해보자.

가정법 현재 가정법 현재 if절에 동사가 현재이므로
가정법 현재이다.

예 If I **live** in the States, I **will buy** this in a heartbeat.
막연한 미래에 내가 미국에 산다면, 나는 망설임 없이 살텐데…

가정법 현재 **if** 절에 **동사**가 **과거**이므로
가정법 과거이다.

예 If I **lived** in the States, I **would buy** this in a heartbeat.

지금 만일 내가 미국에 산다면, 나는 망설임 없이 살 텐데..

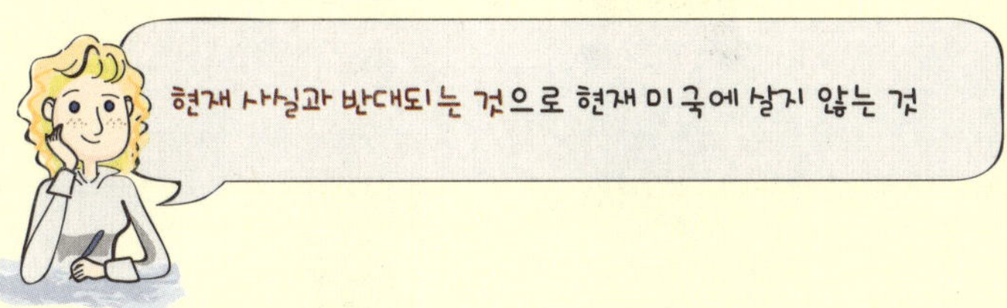

가정법 현재 **if** 절에 **동사**가 **과거완료**이므로
가정법 과거 완료이다.

예 If I **had lived** in the States, I **would have bought** this in a heartbeat.

그때 만일 내가 미국에 살았더라면, 나는 망설임 없이 샀었을 텐데..

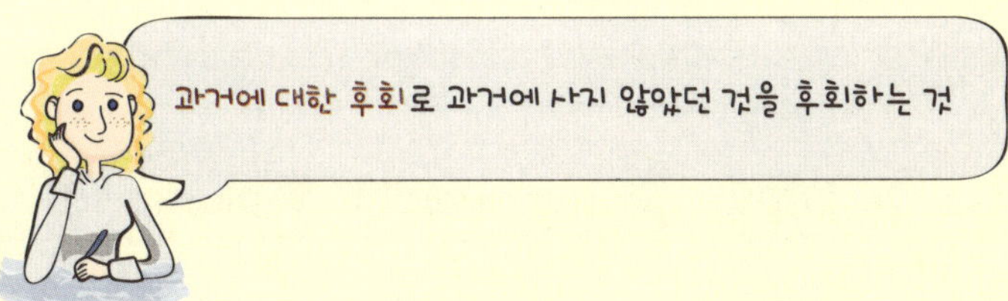

외국인과 사귀는 약간 통통한 여자 친구가 나에게 말했다. 내 남자친구가
"You're plump." 라고 얘기 했다고. plump을 찾아봤더니
통.통.하다 는 뜻 이라고 좋아하는 것을 보았다. 과연 이게 좋은 뜻일까?

뚱뚱한 여성에게 **체.중.에. 관.해. 좋게 말하는 방법** 이 있을까?
내 생각 은 **No!** 다

체중에 대한 단어

obese > fat > large > overweight > plump > healthy
        heavy   chubby

상대방의 체중에 대해 언급할 수 있는 몇가지 말

★ You're **obese**.

당신은 비만이에요.

★ You're **fat**.

당신은 뚱뚱해요.

★ You're **large / heavy**.

당신은 체격이 좋네요. / 덩치가 있네요.

★ You're **overweight**.

당신은 과체중이에요.

★ You're **plump**.

당신은 통통하네요.

★ You're **chubby**.

당신은 토실토실하네요.

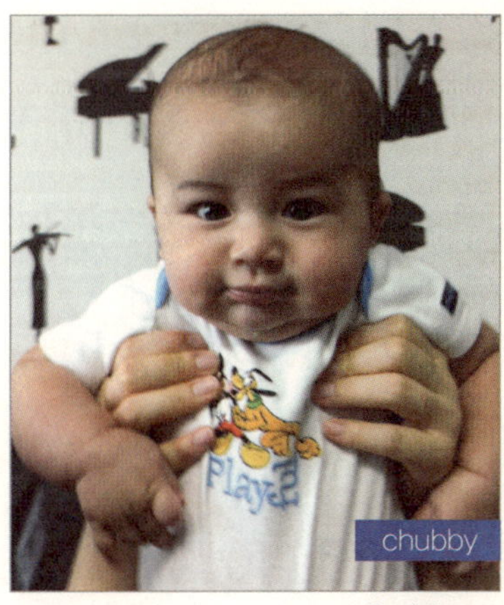

▶ chubby는
아이한텐 긍정적 단어이다.

그럼, 마지막 보루 You look healthy. 당신 건강해 보여요.
이건 또한 좀 위험하다!

05 방에 열쇠를 놔두고 왔어요.

I left our key in the room.

호텔 프론트

Hotel desk clerk

Good evening sir. Did you have a good day?

Andrew

Fantastic, yes, thank you.

However, this his morning we left quite early and

in the rush I left our key in the room by accident.

Hotel desk clerk

Happens all the time. I'll arrange a spare key for you.

Your room number, please?

Andrew

Room twenty-twelve. Also, would it be possible to

set up a wakeup call for us in the morning?

The concierge arranged an early bird tour of the

city for us.

Hotel desk clerk

No problem. What time would you like to get up?

Andrew

6 A.M. please.

☐ desk clerk [**desk** klurk]	프론트 데스크 직원
☐ accident [**ak**-si-d*uh*nt]	사건/사고
☐ arrange [*uh*-**reynj**]	마련하다/~을 처리(주선)하다
☐ spare [spair]	여분의
☐ wakeup call [**weyk**-uhp kawl]	모닝콜
☐ concierge [kon-see-**airzh**]	호텔의 안내원

호텔 안내직원	안녕하세요, 좋은 하루 보내셨나요?
앤드류	네, 너무 좋아요, 감사합니다. 오늘 아침 저희가 꽤 일찍 나와서 서두르다가 실수로 **저희 키를 방에 놔두고 왔어요.**
호텔 안내직원	항상 일어나는 일이죠. 제가 여분의 키를 마련해 드릴게요. 방 번호는요?
앤드류	2012호요. 그리고 아침에 모닝콜 시간을 정할 수 있을까요? 호텔 안내원이 아침 일찍 출발하는 시티투어를 주선했거든요.
호텔 안내직원	문제없어요. 몇 시에 일어나시겠어요?
앤드류	오전 6시요.

169

발음 연습

저자의 생생 리얼강의가 녹음되어 있으므로, 들으면서 발음연습을 해 보자.
띄어 읽거나 붙여 읽으면서 콩글리쉬 발음이 아닌 원어민 발음을 할 수 있다.

Track 77

Hotel desk clerk	Good evening sir / Did you have a good day?
Andrew	Fantastic / yes thank you. / However, this his morning / we left quite early / and in the rush / I left our key in the room by accident.
Hotel desk clerk	Happens all the time. / I'll arrange a spare key for you. / Your room number please?
Andrew	Room twenty-twelve. / Also / would it be possible / to set up a wakeup call for us / in the morning? / The concierge arranged an early bird tour of the city for us.
Hotel desk clerk	No problem. / What time would you like to get up?
Andrew	6 A.M. please.

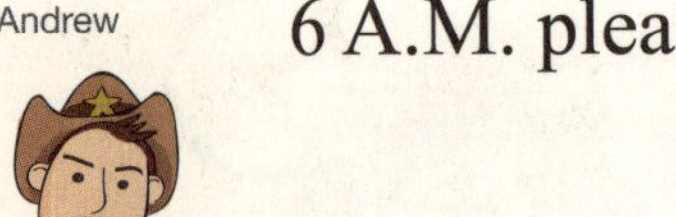

Pronunciation Key

★ 'Concierge' is quite a difficult word. Make it easier by listening and repeating it accurately and put stress on the last syllable.

Concierge는 꽤 어려운 단어이다. 정확하게 듣고 반복해서 쉽게 만들고, 강세는 마지막 음절에 있다.

1 나는 [   ] 떠났다.   I left ~~ .

- **without saying goodbye** 잘가라는 말 없이

- **our doors unlocked** 문을 잠그지 않은 채로

- **my car by the side of the road** 내 차를 길 옆에 세워 둔 채로

2 [   ]을 정할 수 있을까요?

Would it be possible to set up ~~ ?

- **an appointment** 약속을

- **a meeting point** 약속 지점을

- **a meet and greet** 만남과 대화 행사

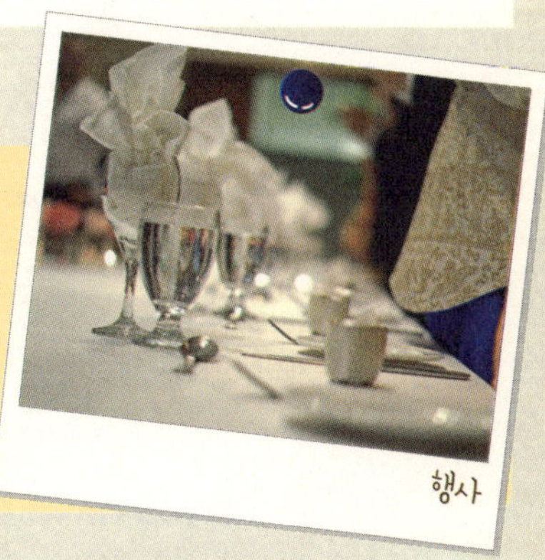

행사

▶a meet and greet dinner 정찬

"Key Points

 **by accident** 는 "사고로 의한" 즉 우연히 라는 의미이다

by accident = by chance, accidently
사고로 의한 즉 우연히

반대말은 on purpose, intentionally, purposely 고의적으로 등등이 있다.

 **Happens all the time!** 항상 일어나는 일이죠!

누군가가 실수를 했을 때, 그 사람에게 부담을 줄여주는 **동조의 표현**이다.

 **spare** key / room / tire

spare + key / room / tire
여분의   열쇠 / 방 / 타이어

spare는 이미 사용 준비가 되어 있는 **추가나 여분의 물품**을 뜻한다.

예 Do you have any spare change? 남는 잔 돈 좀 있니?

Could you spare a minute to talk about it?
그것에 대해 1분 정도 이야기 할 수 있는 시간이 있으신가요?

❶ easy as pie   쉽다

This problem is easy as pie. 이 문제는 식은 죽 먹기야.

❷ piece of cake 쉽다

❸ go bananas   머리가 핵 돌다

I just went bananas when I found my car broken.
내 차가 망가진 것을 알았을 때, 나는 (머리가) 핵 돌았다.

- How do you them **apples**?   어떻게 생각해?

- in a **nutshell**   요약하다 / 간단히 말하다

- like two peas in a pod   외모가 같은 두 사람

- sell like **hotcakes**   빠르게 팔다

- **salt** of the earth   가장 선량하고 고귀한 사람들

- sour **grapes**   지기 / 싫어함 / 오기 / 못 먹는 감 찔러나 본다

- all your **eggs** in one basket   너의 희망을 하나의 계획 / 옵션에 모두 담는다

- That's the way the **cookie crumbles.**
세상사가 다 그런 거야.

06

저는 오늘 당신의 가이드가 될 겁니다.

I'll be your guide for the day.

여행 중

Tour bus guide

"Welcome aboard the best double decker bus tour in all of Chicago. I'll be your guide for the day. I guarantee that by the end of the day if you feel that your city is greater than mine, you'll have to take me with you.

On your right, one of Chicago's 32 beaches. Trees ahead, watch yourself, mind your cameras…

Right now we are on Oak Street – known for its designer stores. And around the corner is Rush Street with abundant restaurants where you can wine and dine. Many bars are open until 4 A.M. so you can paint the town red.

You'll be able to see lots of shenanigans and monstrosities. Coming up on the left ; my favorite pizza restaurant. Chicago pizza is the best."

▶ wine and dine 맛있는 술과 음식을 즐기다
▶ Let's paint the town red. 나가서 즐겁게 놀다

- tour guide [**toor** gahyd]　　　　　　여행 가이드
- double decker [**duhb**-*uh*l-**dek**-er]　　2층 버스
- guarantee [gar-*uh*n-**tee**]　　　　　보장하다
- shenanigans [sh*uh*-**nan**-i-g*uh*ns]　　사람들이 재미있어 하는 속임수
- monstrosities [mon-**stros**-i-teez]　　아주 크고 기괴스러운 것 특히 건물

투어버스
가이드

"시카고를 통틀어 최고의 2층 버스에 탑승하신 걸 환영합니다. 저는 오늘 당신의 가이드가 될 겁니다.

만약 오늘 투어를 마칠 때쯤, 여러분이 살고 있는 도시가 시카고보다 좋다고 느껴진다면 여러분이 저를 데려가도 좋습니다.

오른쪽을 보시면, 시카고의 32개의 해변 중 하나입니다.
나무들이 앞에 있고, 조심 하시구요. 카메라들 신경 쓰시구요.,,

지금 저희는 오크 스트리트 Oak Street 에 있는데요. – 디자이너 상점들로 잘 알려져 있지요. 그리고 저 모퉁이를 돌면 레스토랑이 많이 있는 러시 스트리트 Rush Street가 있는데요, 이 곳에서 맛있는 술과 음식을 즐길 수 있습니다. 많은 술집이 새벽 4시까지 열기 때문에 마시면서 즐겁게 놀 수 있습니다.

재미있는 속임수들과 기괴한 건물들을 많이 보실 수 있을 겁니다.
왼쪽을 보시면 : 제가 가장 좋아하는 피자레스토랑입니다.
시카고 피자는 최고랍니다."

투어 버스 가이드

발음 연습

저자의 생생 리얼강의가 녹음되어 있으므로, 들으면서 발음연습을 해 보자.
띄어 읽거나 붙여 읽으면서 콩글리쉬 발음이 아닌 원어민 발음을 할 수 있다.

Tour bus guide   "Welcome aboard the best double decker bus tour in all of Chicago. / I'll be your guide for the day. / I guarantee that by the end of the day/ if you feel that your city is greater than mine / you'll have to take me with you. /

On your right / one of Chicago's 32 beaches. / Trees ahead/ watch yourself / mind your cameras… /

Right now we are on Oak Street / – known for its designer stores. / And around the corner is Rush Street / with abundant restaurants / where you can wine and dine. / Many bars are open until 4 A.M. / so you can paint the town red. /

You'll be able to see lots of shenanigans and monstrosities./ Coming up on the left / my favorite pizza restaurant./ Chicago pizza is the best."

Pronunciation Key

★ Careful not to say 'dobber' when you pronounce 'double' – put stress on the 'l'.

double 발음시 강세는 l 에 주고 dobber 라고 발음하지 않도록 주의하자.

Track 81

1 저는 오늘 당신의 [   ]가 될 겁니다.

I'll be your ~~ for the day.

host

- **host** 주최자

- **bodyguard** 경호원
  - ▶ **personal bodyguard** 개인 경호원
- **caterer** 음식조달 / 공급자
  - ▶ **event caterer** 행사 음식 공급자

2 [   ]을 조심하세요.   **Mind ~~ .**

- **yourself** 몸

- **your head** 당신의 머리

- **your step** 당신의 발걸음
  = 조심해서 걸으세요.

 **1** **In all of Chicago**는 도시를 통틀어 라는 의미이다.

 “This place serves the best Sundubu **in all of Seoul**.”

이 곳은 서울을 통틀어 최고의 순두부를 제공합니다.

2 **“Watch yourself, mind your cameras!”**

조심하세요, 카메라 조심하세요!

Watch yourself! = Watch out!　조심해!(하세요!)

누군가가 Watch your bag! 이라고 하면 가방을 잘 간수해!라는 뜻이다.
Watch yourself 는 무언가 조심해야 할 것이 눈에 보이는 상황이다.
예를 들면, 나무에 머리를 부딪힐 경우 처럼 말이다.

윗문장은 동사만 바꿔서 Mind yourself, watch your cameras.라고 바꿔
말할 수도 있다.

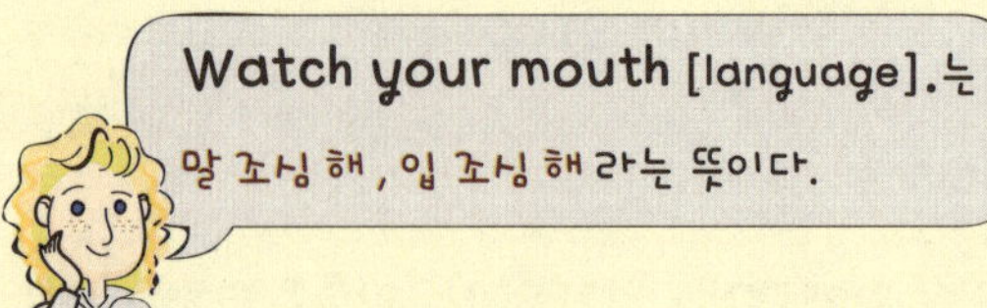

• Watch your language in front
　of my baby!

내 아이 앞에서 말 좀 가려서 해!

Korean Pizza vs American Pizza

❶ Korean Pizza

① 피자의 사이즈는 F (패밀리사이즈)가 추가되었지만, 그래도 조각피자의 크기는 미국피자에 비해 작은 편이다.

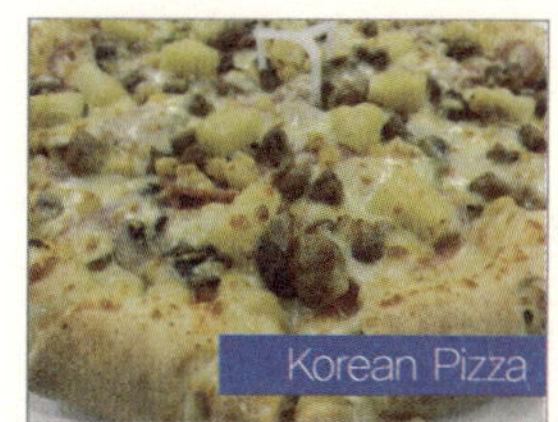

② 대부분의 피자에 콘 (옥수수)이 들어간다.

③ **Localization** (현지화)에 상당히 노력하여 한국인이 좋아할 만한 해산물 / 불고기 / 고구마무스 등 한국식 피자가 많다.

④ 미국식 피자와 이태리식 피자가 양대산맥을 이룬다.

❷ American Pizza

① 피자의 사이즈는 대체적으로 엄청 크다.

② 가격이 저렴하다

③ 도우 및 기본 소스는 비슷하지만, 개인 취향에 따라 다양한 토핑을 추가할 수 있다.

④ 아주 흔한 음식이므로 그만큼, 유명한 피자 체인을 포함하여 지역적으로 유명한 로컬 피자 집도 다양하다.

⑤ 음주 후 패스트 음식과 함께 숙취 음식으로 먹는다.

식은 피자 COLD PIZZA를 먹는다!

우리나라 사람은 식은 피자는 입에 대지도 않지만, 미국인들은 때로는 전자레인지로 데우지도 않고 그 차가운 걸 즐긴다. 왜?! 맛. 있. 으. 니. 까~~~~

07 시내로 가야만 합니다.

I need to get downtown.

Track 82

택시 안

Andrew

Morning, how are you?

Taxi driver

Morning. Where you headed?

Andrew

I need to get downtown and I'm running late...

Taxi driver

We'd better go on the highway to avoid morning traffic then.

Andrew

That'd be great.
Who knew rush hour would be such a nightmare!

Taxi driver

Tell me about it. Cars are sitting bumper to bumper all the way to City Hall. Apparently there was a massive collision downtown.

▶ **tell me about it**은 직역하면 내게 말해보라 는 재촉의 의미지만, 상황에 따라서는 관용적인 의미로 내 말이.., 누가 아니래?라는 뜻을 지닌다.

- downtown [doun-**toun**]   시내
- highway [**hahy**-wey]   고속도로
- traffic [**traf**-ik]   교통
- rush hour [**ruhsh** ou*uh*]   러시아워 차가 막히는 시간대
- nightmare [**nahyt**-mair]   악몽
- bumper [**buhm**-per]   범퍼
- collision [*kuh*-**lizh**-*uh*n]   충돌

앤드류   안녕하세요.

택시 기사   안녕하세요. 어디 가세요?

앤드류   **시내로 가야만 합니다.** 지금 서두르지 않으면 늦어서요.

택시 기사   그럼, 아침 교통 체증을 피하기 위해서 고속도로를 타는 게 나아요.

앤드류   좋습니다.
아침출근시간이 악몽이 될지 누가 알겠어요?

택시 기사   제 말이 그 말입니다. 시청까지 가는 모든 길이 차들로 꽉 차서 막혀 있습니다.
분명히 시내에 엄청난 충돌사고가 있었어요.

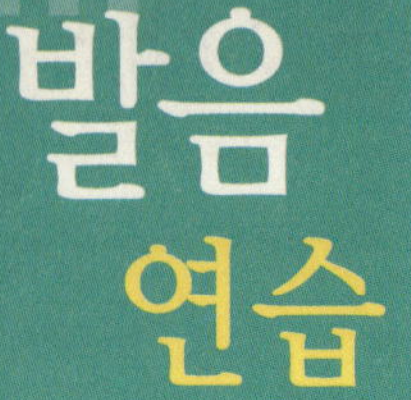

저자의 생생 리얼강의가 녹음되어 있으므로, 들으면서 발음연습을 해 보자.
띄어 읽거나 붙여 읽으면서 콩글리쉬 발음이 아닌 원어민 발음을 할 수 있다.

Andrew	Morning / how are you?
Taxi driver	Morning / Where you headed?
Andrew	I need to get downtown / and I'm running late...
Taxi driver	We'd better go on the highway / to avoid morning traffic then.
Andrew	That'd be great. / Who knew rush hour / would be such a nightmare!
Taxi driver	Tell me about it. / Cars are sitting bumper to bumper all the way to City Hall. / Apparently / there was a massive collision downtown.

Track 84

1 [   ] 로 / 에게 가야만 합니다.   I need to get to ~~ .

- **a doctor** 의사에게
  - ▶ an ear nose and throat doctor 이비인후과 의사

- **the dentist** 치과의사에게

- **Garosu-gil** 가로수 길

2 우리는 [   ] 가는 편이 좋을 거에요.   We'd better go ~~ .

- **in the early morning** 이른 아침에

- **another time** 다음 번에

- **as soon as possible** 가능한 한

* 'd better + 동사원형
~하지 않으면 무언가가 피해나 손해가 있을 때 쓴다.
'd better 는 had better 의 [줄임말]이다.

"Key ★ Points

 **bumper to bumper** 차가 꽉 차 있는

bumper to bumper는 말 그대로 차와 차 사이의 공간이 매우 좁아서 차의 범퍼끼리 맞대어 있을 정도로 꼬리를 물고 늘어서 있는, **차가 꽉 차 있는**이라는 표현이다.

> 📣 Cars are sitting bumper to bumper all the way to Canada.
> 캐나다까지 가는 모든 길이 차량이 꽉 차서 막혀 있습니다.

비슷한 표현들

우리가 왜 길이 막혀서 차가 안 움직이는지 모르겠어요!

- I don't understand why we are in a traffic jam.
- I don't understand why we are in congested traffic.
- I don't understand why we're stuck in traffic.
- I don't understand why we're tied up in traffic.

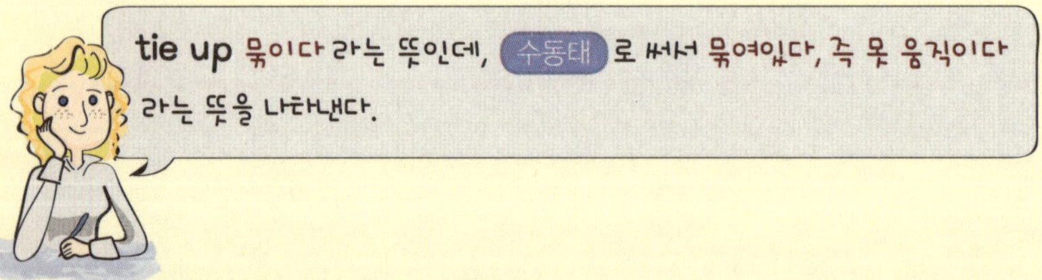

 **bumper to bumper**와 비슷한 형식의 구문에 대해 더 알아보자.

ear to ear

> 📣 My son smiled from ear to ear.
> 나의 아들이 입이 귀에 걸리도록 웃었다.

eye to eye

> 📣 We don't see eye to eye about the show.
> 우리는 그 쇼에 대해 서로 동의하지 않는다.

숫자	영어	뜻
1	one	일
10	ten	십
100	hundred	백
1,000	**thousand**	**천**
10,000	ten thousand	만
100,000	hundred thousand	10만
1,000,000	**one million**	**100만**
10,000,000	ten million (10× million)	1,000만
100,000,000	hundred million	1억
1,000,000,000	**one billion**	**10억**
10,000,000,000	ten billion	100억
100,000,000,000	hundred billion	1,000억
1,000,000,000,000	**one trillion**	**1조**

100만 MBT Million   10억 billion   1조 trillion

08 집(고향)이 그리우세요?

You feeling homesick?

일식집에서

Andrew

I can't tell you how great it is to see sticky rice!

Chef

You feeling homesick?

Andrew

Actually, I'm from Korea. And yes I do miss the food, plus everything I miss is pricier here.

For instance, (and don't take this personally) back home the edamame is free.

In fact all sides are free. It feels weird to have to pay extra.

Chef

And on top of that you have to tip the waiters, right?

Andrew

Right. It takes getting used to.

Chef

Tell you what – order the nigiri platter and I'll throw in some sashimi on the house.

homesick [**hohm**-sik]	향수병
pricy [**prahy**-see]	값비싼 = expensive
for instance [fer-**in**-st*uh*ns]	예를 들면 / 이른바 for example같은 뜻
edamame [ed-*uh*-**mah**-mey]	자숙콩 두유 만들 때 쓰는 콩
side dishes [**sahy**d dishus]	밑반찬
weird [weerd]	이상한
sashimi [sah-**shee**-mee]	회
Nigiri [ni-**gi**-ri]	초밥 *tell you what 저 말이지, 실은 말이야

앤드류   끈기 있는 쌀을 보게 되서 얼마나 좋은지 몰라요.

요리사   **집(고향)이 그리우세요?**

앤드류   사실, 저는 한국에서 왔구요. 한국음식이 너무나 그리워요,
그런데 제가 그리워하는 것들은 모두 이곳이 더 비싸네요.
예를 들면 (사적으로 받아들이진 마시구요), 그러나 이 자숙콩(대두콩)은
한국에선 공짜거든요.
사실은 모든 반찬이 공짜에요. 돈을 더 내야 한다는 것이 이상하네요.

요리사   거기에다가 당신은 웨이터에게 팁도 줘야 되고요, 맞죠?

앤드류   네. 차차 적응이 되겠죠.

요리사   저 말이지요-초밥 한 접시 주문하세요. 그러면 제가 서비스로 회 몇 점
올려 드릴게요.

스시가게

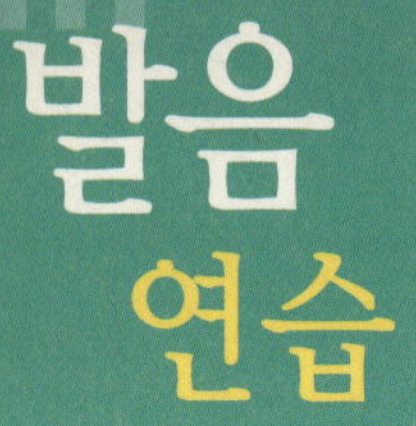

발음
연습

저자의 생생 리얼강의가 녹음되어 있으므로, 들으면서 발음연습을 해 보자.
띄어 읽거나 붙여 읽으면서 콩글리쉬 발음이 아닌 원어민 발음을 할 수 있다.

Andrew	I can't tell you how great it is to see sticky rice!
Chef	You feeling homesick?
Andrew	Actually / I'm from Korea. / And yes I do miss the food, / plus everything I miss is pricier here. / For instance / (and don't take this personally) / back home the edamame is free. / In fact all sides are free. / It feels weird / to have to pay extra.
Chef	And on top of that / you have to tip the waiters / right?
Andrew	Right. / It takes getting used to.
Chef	Tell you what / – order the nigiri platter / and I'll throw in some sashimi on the house.

Pronunciation Key

★ Be sure to say 'e-da-ma-me', not 'e-da-mum'.
edamame 발음에 주의하자.   [e-da-ma-me] ○   [e-da-mum] ✗

1 (기분이) [　] 한가요?　　　　　　　**You feeling ~~ ?**

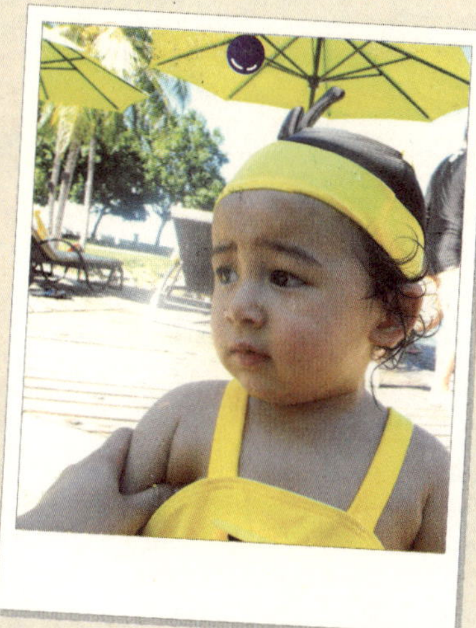

- **all right** 괜찮은
- **better** 나아진
- **squeamish** 비위가 약한

* **better now?** 지금 나아진
(Are) you feelin(g) ~을 생략한 형태로
일상 생활에서 자주 쓰인다.

2 [　]을 해야만 한다는 것이 이상하네요.

It feels weird to have to ~~.

- **apologize** 사과하다
- **see him again** 그를 다시 보다
- **go back there** 거기 다시 돌아가다

▶**go back to work** 일하러 돌아가다

 **I do miss the food.** 나는 정말로 그 음식이 그리워요.

하나의 영어문장에는 동사가 하나만 존재하는데, 여기선 do 라는 동사를 더 써 줌으로써, miss 그리워하다의 의미를 강조한다.

do ＋ 동사원형   동사를 강조할 때!

예 **I do love you.**   나를 너를 정말로 좋아해!

He does hate it.   그는 그것을 정말로 싫어해!

 **Don't take this personally.** 개인적으로 받아들이지 마세요.

자신의 말을 오해할 소지를 사전에 방지 하기 위해 쓰는 표현이다.
비슷한 표현으로는 It's nothing personal. 이다.

예 **I can't come to your apartment.**   난 너의 아파트에 갈수 없어.

It's nothing personal, I just don't like high rise buildings.
개인적인 이유는 절대 아니고, 단지 높은 건물을 싫어해.

 (술집이나 식당에서 술·음식이)
It's on the house. 무료[서비스]로 제공되다

원어민 VS 한국인
CULTURAL KEY

여러분도 한번쯤은 외국인과 대화 중
그들이 싫어하는 음식, 혐오식품을 이야기해서
야만인 소리를 들은 적이 있었을 것이다.

그들이 싫어하는 음식, 오해 할 음식들은
그냥 조용히 우.리.끼.리.만 먹자!!

영어 잘하는 해산물가게 아저씨의 **해산물 목록**

seafood 해산물

게
crab

굴
oyster

대하(큰 새우)
prawn

회
sashimi

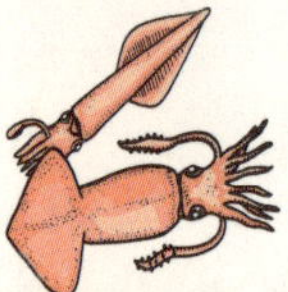

오징어
squid

문어
octopus

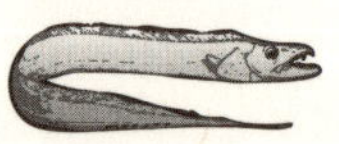

갈치
hair tail

숭어
mullet

광어
flatfish

돔
snapper

조개
clam

랍스터
lobster

작은 새우
shrimp

연어
salmon

상어
shark

상어지느러미
shark's fin

참치
tuna

삼치
Spanish mackerel

꽁치
mackerel pike

조기
yellow croaker

고등어
mackerel

대구
cod

09 우리는 표 3장을 예약했어요.

We booked three tickets.

Track 89

공항에서

Andrew's wife

Good afternoon.

We booked three tickets and we were wondering if it would be possible to seat us together?

Front desk

You weren't booked together?

Andrew's wife

No, we tried, but there weren't three adjacent spots available at the time.

Front desk

If you could bear with me for a few minutes, we could ask the next single traveler if they'd be willing to switch seats.

What are your seat numbers ma'am?

Andrew's wife

That would be so great.

Currently we are seated at H3, H4 and J3.

☐ book [**book**]	예약하다	
☐ wondering [**wuhn**-der-ing]	~을 이상히 여기는	*wonder ~을 궁금해 하다
☐ adjacent [uh-**jey**-suhnt]	인접한 / 가까운	
☐ switch [swich]	바꾸다	
☐ willing [**wil**-ing]	…에 반대하지[꺼리지] 않는	*be willing to ~을 기꺼이 하다
☐ available [uh-**vey**-luh-buhl]	이용 가능한	
☐ currently [**kur**-uhnt-lee]	현재 / 지금	

앤드류의 아내　안녕하세요.
저희는 비행기티켓 3장을 예약 했구요. 저희가 같이 앉을 수 있는지 궁금합니다.

안내 데스크　같이 예약을 안하셨죠?

앤드류의 아내　네, 할려고 했는데, 비어 있는 세 개의 붙어있는 자리들이 그땐 없었어요.

안내 데스크　몇 분만 기다려 주실 수 있으면, 저희가 혼자 여행하시는 다른 분에게 자리를 바꿔 주시는 게 가능한지를 여쭤 볼게요.
좌석 번호들이 어떻게 되시죠, 부인?

앤드류의 아내　그거 좋겠네요..
현재 저희는 H3, H4 그리고 J3입니다.

항공사 발권 문의

저자의 생생 리얼강의가 녹음되어 있으므로, 들으면서 발음연습을 해 보자.
띄어 읽거나 붙여 읽으면서 콩글리쉬 발음이 아닌 원어민 발음을 할 수 있다.

Andrew's wife Good afternoon. /
We booked three tickets / and we were wondering if /
it would be possible to seat us together?

Front desk You weren't booked together? /

Andrew's wife No/ we tried / but there weren't three adjacent spots
available at the time.

Front desk If you could bear with me for a few minutes / we could
ask the next single traveler / if they'd be willing to
switch seats. /
What are your seat numbers ma'am?

Andrew's wife That would be so great. /
Currently we are seated at H3, / H4 / and J3.

Pronunciation Key

★ tickets   [tee-kits] ○   [tee-keets] ✕

1 우리는 [　]을 예약했어요.　　　　　**We booked ~~.**

티켓

- **train tickets** 기차표들
- **seats** 좌석들
- **this hotel through the website**
  인터넷을 통해서 이 호텔

2 우리가 [　]에게 여쭤 볼게요.　　　　　**We could ask ~~.**

- **somebody** 누군가
- **the information desk** 안내데스크
- **an officer** 임원

  ▶ a police officer 경찰관

 "Key Points

1 If it would be possible to **seat** us together?
우리가 같이 앉는 것이 가능한지

a seat 좌석 / 자리 는 당연히 **명사** 이다.

하지만 때로는 **명사** 를 그냥 **동사** 로 사용하여 쓸 때가 있다.

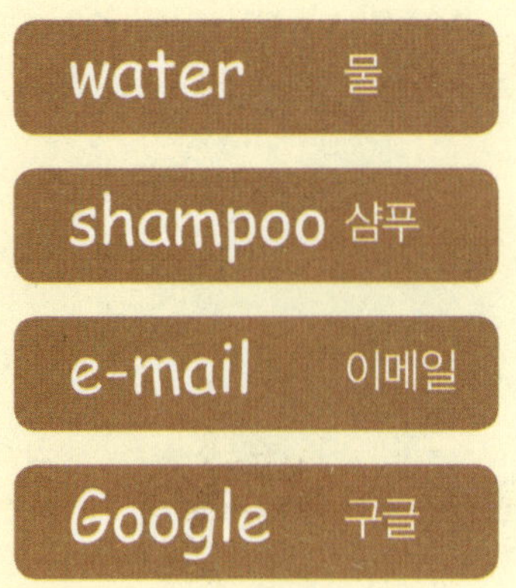

예 My mom was watering the plant.
우리 엄마는 화분에 물을 주고 있었다.

When did you shampoo your hair?
너는 언제 머리를 감았니?

I e-mailed you last night.
지난 밤에 너에게 메일보냈어.

Google it.
구글로 검색해!

 비행기내에서 쓰는 표현

예 I would like a window seat, please. 저는 창문 쪽 좌석 으로 하고 싶습니다.

Can I change my seat to an aisle seat?
복도 쪽으로 자리 를 바꿔도 되나요?

Are meals provided? / Do you serve meals on the plane?
기내식이 나오나요?

I'd like the chicken / the beef.   저는 치킨/소고기로 하겠습니다.

Could I have some coke on the rocks? (= with ice?)
콜라를 얼음과 같이 주시겠어요?

요즘 아이를 위해서 책을 보다가 아내가 놀랄 때가 있다. 바로 아이들 책에 소개된 내용 때문이다. 방귀나 똥 이런 것들을 우리는 어렸을 때부터

자연스럽게 농.담.화. 시키는 데 반해,

북미권에서는 생리적인 것들을 언급하는 것을 좋아하지 않는 경향이 있다.

다양한 표현   누구도 당신의 화장실 가는 이유를 알고 싶지 않다!

★ I want to go to the bathroom.
　　　가장 무난하고 일반적인 표현

★ I have to **pee**.   소변 마려울 때
I have to **take a leak**.
I gotta take a **number one**.

★ I have to **poo**.   대변 마려울 때
I have to **take a dump**.
I gotta take a **number two**.

친한 사이 일때,
큰거, 작은거? number one or number two?

10 뭐 보고 있는 중이야?

What are you watching?

홈쇼핑
방송를 보며

His wife

Honey, pull up a chair and come see this.

Andrew

Are you watching the Home Shopping Channel? Lame…

His wife

Just white noise - I was playing Sudoku and had the T.V. on for company.

Andrew

Is that a waffle maker?

His wife

No, look, that's what I wanted to show you. It's a cooking device that lets you bake bones for dogs.

Andrew

That's insane! Is it vegetarian?

- home shopping [hohm **shop**-ing]   TV 홈쇼핑
- waffle maker [wof-*uhl* **mey**-ker]   와플 만드는 기계
- lame [leym]   구어체 멋지지 않은/썰렁한 *lame 다리를 저는
- device [dih-**vahys**]   장치
- bones [bohns]   뼈
- insane [in-**seyn**]   제 정신이 아닌 = out of mind

앤드류의 아내	자기야, 이리 와 앉아서 이걸 봐 봐.
앤드류	지금 **홈쇼핑 채널 보고 있는 거야?** 한심하게...
아내	그냥 틀어놓은 거야–나는 스도쿠를 하고 있었고 그냥 옆에 친구처럼 TV 를 켜 놓았어.
앤드류	저거 와플 만드는 기계야?
아내	아니 봐 봐. 저게 내가 자기에게 보여주고 싶었던거야. 요리하는 기계인데, 개뼈다귀 과자를 굽는 거야.
앤드류	제 정신이 아니군! 채식주의자인가봐?

홈쇼핑 방송

저자의 생생 리얼강의가 녹음되어 있으므로, 들으면서 발음연습을 해 보자.
띄어 읽거나 붙여 읽으면서 콩글리쉬 발음이 아닌 원어민 발음을 할 수 있다.

His wife Honey / pull up a chair / and come see this.

Andrew Are you watching the Home Shopping Channel? / Lame…

His wife Just white noise / I was playing Sudoku / and had the T.V. on for company.

Andrew Is that a waffle maker?

His wife No/ look / that's what I wanted to show you./ It's a cooking device / that lets you bake bones for dogs.

Andrew That's insane. / Is it vegetarian?

Pronunciation Key

★ When you say bone, don't make the 'o' short – it might sound like 'born'.

bone 을 발음 할 때, o 를 짧게 발음 하지 말 것. 그러면 그 소리는 born 태어난처럼 들린다.

[P·A·T·T·E·R·N E·X·E·R·C·I·S·E]
패턴연습

1 [　]을 보고 있는 거야?　　　　**Are you watching ~~?**

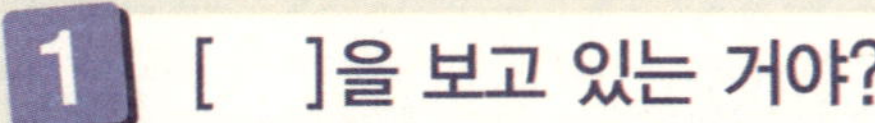

- **the big match** 큰 경기
- **the news** 그 뉴스들
- **me** 나

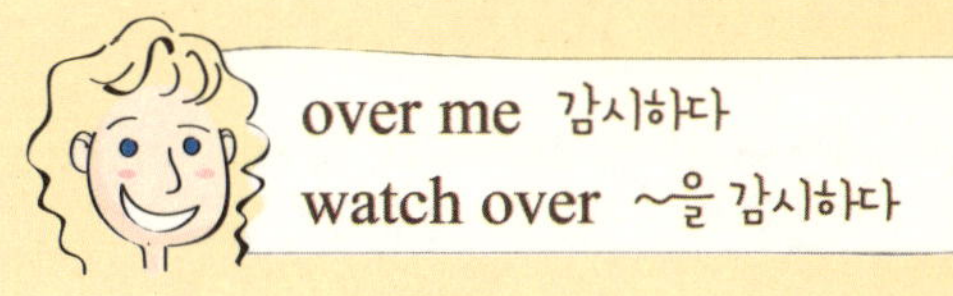

2 저것이 내가 [　]고 싶었던 거야. **That's what I wanted to ~~.**

장인-장모

- **say** 말하다
- **do** 하다
- **ask** 물어보다
  ▶ **ask your parents** 너의 부모님들에게 물어보다

[❝]**Key Points**

 무엇인가가 **lame**하다라는 것은 **uncool**의 의미와 비슷하다

즉 (유행을 쫓는 젊은이들이 보기에) **멋지지 않은, 썰렁한, 한심한**이 정도로 보면 좋을 것 같다.

 **white noise**는 배경음악이라고 보면 된다.

정말 듣는 것은 아니고 혼자 집에 있거나 할 때 **그냥 틀어 놓는 소리들**이다. 예를 들면 TV나 라디오 혹은 클래식 음악 때로는 에어컨 소음도 이에 해당할 수 있다.

 **That's insane. 제정신이 아니야!**

That's crazy와 같은 말로 **부정적인 의미**를 지닌다.
하지만 문맥에 따라 다르게 쓰일 수 있다.

예 Interest rates are up again by 2% - that's insane! 부정적
이자율이 2% 또 올랐어 [이자율이] 미쳤구나!

Wow, $3 for a pair of shorts, that's insane! 긍정적
와우, 반바지 한 벌에 3달러라니. [바지가격이] 미쳤구나!

Do you have the time?
지금 몇 시예요?

기억해야 할 2가지 **past** 후 와 **to** 전이다

★ 7시 30분 : 7시 후 30분 지남   It's half **past** 7.

★ 7시 45분 : 8시 전 15분 남음   It's a quarter **to** 8.

★ 9시 10분 : 9시 후 10분 지남   It's 10 **past** 9.

★ 9시 40분 : 10시 전 20분 남음   It's 20 **to** 10.

정각 - o'clock
15분은 quarter, 30분은 half 를 기억하자.

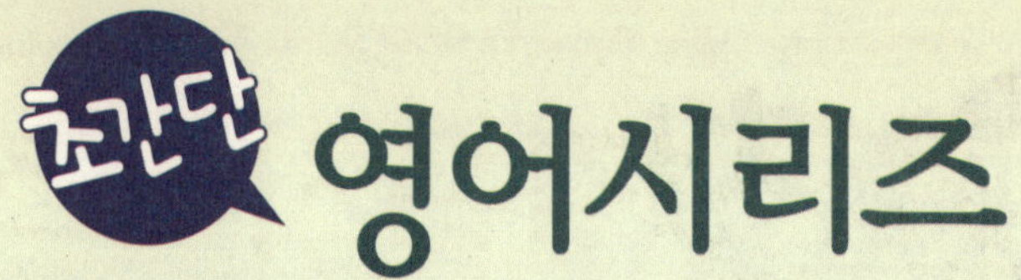

대한민국 최초! 연상할 수 있는 영어

★ 4×6배판 / 188쪽 / 정가 14,800원
MP3 CD포함 **별책부록** 초간단 영단어장

★ 4×6배판 / 224쪽 / 정가 15,000원

★ 4×6배변형판 / 328쪽 /
정가 21,500원 MP3 CD포함

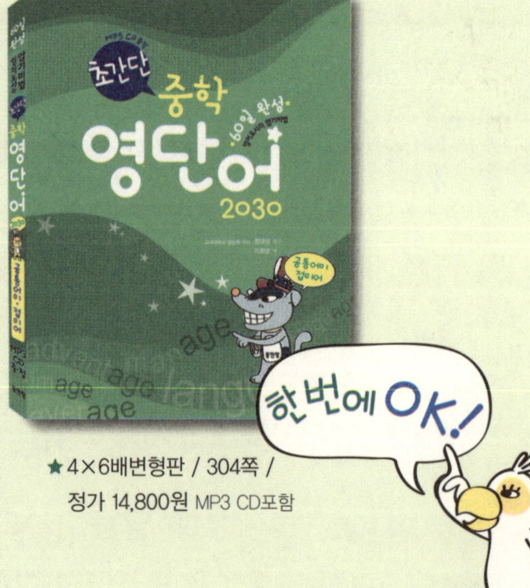

★ 4×6배변형판 / 304쪽 / 정가 16,500원
MP3 CD포함

★ 4×6배변형판 / 304쪽 /
정가 14,800원 MP3 CD포함

· 단어면 **단어**
· 문법이면 **문법** 유추해서 끝내는 **영어 시리즈~**
· 회화면 회화

저자 ★ 양승혁 Andrew Yang

국제영어대학원대학교(IGSE) 영어지도학과 석사
08/09 FW 디자이너 정욱준 JUUN.J 파리 컬렉션에서 통역업무
다수의 각종 영어캠프 진행
문법, 텝스, 토익, 토플, 오픽 및 영어 말하기 대회 강의
분당 헤더스 잉글리쉬 학원 및 영어충전소 Head Instructor 강의

- Certification for teaching Korean of Digital Seoul Art University
- Tesol certification of California State University, Long Beach
- Tesol for children of California State University, Long Beach

★ Bernadette De La Guerre (Bernie)

Major in speech and drama at Stellenbosch University.
IGSE 국제영어대학원대학교 영어교재개발학과 석사

1판 1쇄 2013년 12월 5일　　발행인 김인숙　　　　　　발행처 (주)동인랑
Editorial Director 김태연　　Designer 김미선 · 유봉주　　Illustration 김미선 · 유봉주
Printing 삼덕정판사

139-240
서울시 노원구 공릉동 653-5

대표전화 02-967-0700
팩시밀리 02-967-1555
출판등록 제 6-0406호
ISBN 978-89-7582-528-6

동인랑